喰いもの恨み節

有薗正一郎 著

あるむ

喰いもの恨み節　演目とおしながき

初日口上《しょにちこうじょう》

私は学術論文と本はいくつか書いてきましたが、日記を書いたことはありません。還暦を迎えた今、自分が今の世に生きた事実を後世に残し、かつ人のお役に立つのは、時々の価値観で評価が浮き沈みする学術論文や本の類《たぐい》ではなく、自分の体験を素直《すなお》に記述した日記や記録の類だと思うようになってきました。このままでは、私が現世《げんせ》に生きていたことの証《あかし》は、過去帳に記載される法名《ほうみょう》「釋誠諦《しゃくじょうたい》」だけになってしまいそうです。

そこで私は一念発起《ほっき》しました。自分の生きざまを書いて後世に残そうと。でも生きざまの書き方にはいろいろな視点があります。私は、自分が関心を持つことにもっとも近い、喰《く》いものについての体験を語ることにします。

私は昭和二三（一九四八）年生まれです。物心《ものごころ》ついた頃は、太平洋戦争中と終戦直後の食料難も峠を越えて、なんとか喰えるようになった時代でした。それでも、子供の頃の私はいつも空腹を抱えて、とりわけ甘いものを探し求めてさまよう餓鬼《がき》でした。朝から晩まで

「何か喰いたい」「何か喰うものはないか」と思いつつ暮らしていたからです。また、青年期と壮年期にも恨みを語りたい喰いものがいくつかあります。

その体験を、幼児の頃から近年まで、喰いものごとに話していく方式で、書き綴《つづ》ること にしました。話の種は私の歳《とし》の数ほどはありそうです。

この本は私の餓鬼人生の記録です。「こんな人生もあったのか」と思っていただければさいわいですし、また二〇世紀後半を生きた庶民の食体験として読んでいただければ、もっと幸せです。

なお、話題にする喰いものの中で、商品の作り方は伝聞にもとづいて語りますので、間違っているかも知れないことをお断りしておきます。

それでは、千亀楽《せんしゅうらく》の打ちあげ口上まで、よろしくおつきあいください。

二〇〇八年　立春

第一幕……幼児の頃（昭和二〇年代後半）

● サトウキビ

幼い頃の私は、腹を減らして甘いものを探し求める餓鬼で、甘い喰いものがすなわちご馳走《ちそう》でした。今では甘くてとても喰えない砂糖の塊《かたまり》のようなお菓子を喰うのが、その頃の私にとっては幸せだったのです。そんな私のもっとも幼い時の記憶が、母方のばあさんが喰わせてくれたサトウキビです。

二歳下の弟が一緒だったので、私が三歳の頃です。私の家族は鹿児島県日置《ひおき》郡伊集院《いじゅういん》町（今は日置市伊集院町）に住んでいました。父は電電公社の職員で、伊集院電報電話局に勤務していました。その頃は父と母と私と弟の四人家族で、戦争未亡人の農家のおばさんが家主《やぬし》だった建物の半分に住んでいました。

残りの半分には父の同僚の新婚さんが住んでいましたが、父はこの人を嫌っていました。この人が、職員組合の執行委員をしていた父を、上司に「赤だ」と告げ口したからだそうです。

私もこの人は嫌いでした。それはこの夫婦から生《なま》のサツマイモを喰わされたからです。なぜそうなったかは覚えていませんが、この夫婦は私に生のサツマイモを喰わせて、なんともないかを試《ため》したのです。腹具合が悪くなったわけではありませんが、生サツマイモの歯ごたえと青臭《あおくさ》い味は、今も記憶にあります。父にとっても、私にとっても、不愉快なお隣さんでした。

さて、われわれが住む建物に隣あう畑の端に、サトウキビが何株か植えてありました。私は父と母がここを耕《たがや》す姿を見た覚えがないので、わが家の畑ではありません。

季節は秋だったように思いますが、鹿児島から遊びに来ていたばあさんに「あのサトウキビを喰いたい」とせがみました。すると、ばあさんはしばらく沈思黙考《ちんしもっこう》した後、台所から出刃包丁を持ちだしてきたのです。このばあさんは、私と弟が喧嘩《けんか》すると、箒《ほうき》を振り上げて、「兄《あにょ》が悪《わ》りー」と叫《さけ》びながら私を追いまわす人でしたので、私は「今日はばあさんマジだ」と思って、逃げ腰になりました。

しかし、ばあさんは私には目もくれず、戸口から庭へ出て、高さ二mはあったろうサトウキビの株を根元から切りとり、二〇cmほどの長さに切り分けて、私と弟に手渡してくれました。

サトウキビ

サトウキビは硬い皮を歯でむきとると、中に甘い汁を含む繊維が顔を出します。これを噛《しが》んで繊維は出し、汁を飲み込みます。サトウキビの収穫期は冬なので、秋は糖分が十分乗っておらず、青臭いばかりで甘くありませんでした。それでも、ばあさんの決断と快挙に感謝しつつ、未熟の株を噛みました。これが喰いものに関する私の最初の記憶です。

花パン

これも伊集院での話です。近世以来、伊集院の市街地はほぼ東西方向に並んでいましたが、大正時代に市街地から北へ一〇〇mほど離れた田圃《たんぼ》の中に国鉄の駅が設置されると、駅と市街地の間にも商店街ができて、今見る逆T字型の市街地になりました。

伊集院駅は昭和三〇年代まで国鉄の鹿児島本線と私鉄の南薩線との乗換え駅だったので、賑《にぎ》わっていましたが、それでも駅舎の北側は一面の田圃でした。

伊集院駅から南へ向かって七〇~八〇mほど歩くと神野川《かんのかわ》に架《かか》る橋があり、橋の手前左側は料理屋、右側は写真館、料理屋の駅寄りの隣は映画館でした。橋を渡って少し行くとT字路になっていて、ここから道路の両側に様々な商店が二〇〇mほど並んでいました。

このT字路から西へ少しずれた所に、町役場などがある高台へ至る坂道がありました。坂の道程《みちのり》は三〇mほどで、坂を登りきった右側に町役場があり、左側も何かの役所でした。そして、町役場の角を右へ曲り、五〇mほど行った左側に、私の家族が住む借家がありました。

この役場へ至る坂をほとんど登りきろうかという場所に、パンや駄菓子を商《あきな》う店がありました。ここが今回話題にする花パンの店です。

私は、伊集院の市街地と借家の間を往来するたびに、この店の前を通りました。この店に数あるパンの中で、ガラスケースの中央にいつも鎮座《ちんざ》していたのが花パンです。花パンの丸い輪郭は私の頭よりも大きく、外側には梅の花びらのように五つの膨《ふく》らみがありました。中央のくぼみには赤いジャムがたっぷり入っていて、花びらの上には白砂糖のシロップが、一部ひび割れながらも、まんべんなくかかっていました。ガラスケースの前に立ってじっくり眺めたことはありませんでしたが、この店の前を通るたびに観察していたので、花パンの姿には自信があります。腹を減らして、いつでもどこでも甘いものを探し求めていた餓鬼には、一度でよいから喰ってみたいパンでした。

「喰う時は　まずあの花びらをひとつずつちぎって　花びらの下のほうから喰ってい

き　最後に上の砂糖を喰おう　まん中のジャムは時々指で掬《すく》ってパンにつけよう　一日に花びらひとつを喰うと五日かかるな」と、喰う手順まで決めていたのですが、ついにその機会には恵まれませんでした。値段は覚えていませんが、母が一度も買ってくれなかったことからみて、二〇〜三〇円だったのでしょう。銭湯・市バスと市電の運賃・卵・豆腐・キャラメルすべて一〇円の時代で、子供には手が出ない高嶺《たかね》の花パンでした。

　大人になって伊集院の町に足を運んだ時には、花パンの店はありませんでした。自動車を通すために道幅を広げてあったので、立ち退《の》いたのでしょう。ほかの店で花パンを探しましたが、見つけられませんでした。

　いつどこだったかは忘れましたが、花パンと同じ姿と大きさのパンを買って喰ったことがあります。子供の時に決めていた手順で喰いましたが、美味《おい》しくありませんでした。そして、思い出はそのまま残しておけばよかったと後悔しました。喰いものに異常な関心を示す餓鬼だった頃の思い出です。

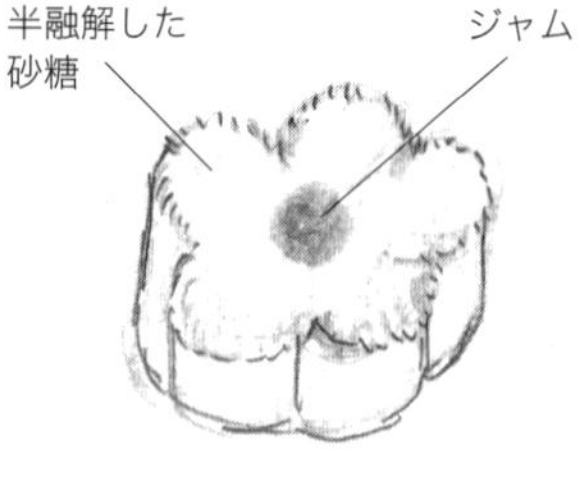

花パン

●小粒のジャガイモ

これも伊集院での話です。私の家族は戦争未亡人の借家から町営住宅に移り、さらに旧電報電話管理局の建物に移りました。私が四歳の時です。大人になってから見に行くと、木造二階建ての小さな建物でしたが、身長一mもない子供には、大きな建物に見えました。おそらく太平洋戦争が始まる前からあった建物で、私の家族は管理を兼ねて、一階の一部屋に無賃《ただ》で住んでいました。

ほかの部屋はまったく使わないので、ホコリとクモの巣だらけ。子供から見ると、お化けと一緒に暮らす生活でした。時に弟と二階へ探検に出かけましたが、階段を上りきったあたりで二人とも足がすくんで、一目散に駆《か》け降りることの繰り返しでした。この借家と道を隔てた向い側には天理教の道場があって、毎日夕方になると、あのゆっくりした調子でチンドンチンドンと聞こえてきます。夕闇《ゆうやみ》の中で、純な私は毎日震え上っていました。

もっとも恐《こわ》かったのが便所です。この借家の便所は屋外にありました。外便所です。この便所の両側に大きな銀杏《いちょう》の木があって気味悪い上に、柵の外は竹薮と墓地でした。当時は土葬だったので、気味の悪いこと。おイワさんやゲゲゲの鬼太郎たちの宴《うたげ》に招かれるような、あの恐さは筆には尽せません。夜は便意を我慢するか、一人で行くときは大決心をして用を足して一目散に駆け戻るか、母に任意同行を求めるかの毎日でした。

ちなみに、その借家は坂の途中にありましたが、坂の名前がドクロ坂で、地名まで恐い場所でした。無賃で住めたとはいえ、子供の恐怖心など無視の非情な親でした。

その頃の話です。ドクロ坂を下りきった所にお菓子屋があって、そこにノブちゃんという名の、私より一歳上の可愛い女の子がいました。幼稚園で一緒に遊んだ記憶がないので、幼稚園には通《かよ》ってなかったと思います。もっぱらノブちゃんが私の家に遊びに来ていました。そして、ノブちゃんの趣味に合わせて、ままごとで遊びました。

ある日、ノブちゃんとままごとをしていると、母が小さな鍋いっぱいのふかしたジャガイモを持ってきてくれました。ビー玉ほどの大きさしかないジャガイモばかりでしたが、ほのかに塩味が効《き》いて美味《おい》しかったので、ノブちゃんと「おいしい！　おいしい！」と言いながら二人でむさぼり喰いました。あんなに美味しいジャガイモとは、その後会ったことがありません。ジャガイモと母の温《ぬく》もりが重なって、忘れられない思い出で、めずらしく鱈腹《たらふく》喰ったという話です。

数年前、伊集院へ行った時に、ノブちゃんの店の前を通りました。昔と同じ場所にお菓子屋があって、やや生活に疲れた感じのおばさんが客の相手をしていました。ノブちゃんかなとも思いましたが、確かめる勇気はありませんでした。私と遊んだノブちゃんは、サザエさん型パーマをかけた可愛い女の子です。ふかした小粒のジャガイモとともに、可愛いノブちゃんは私の心の中に生き続けています。

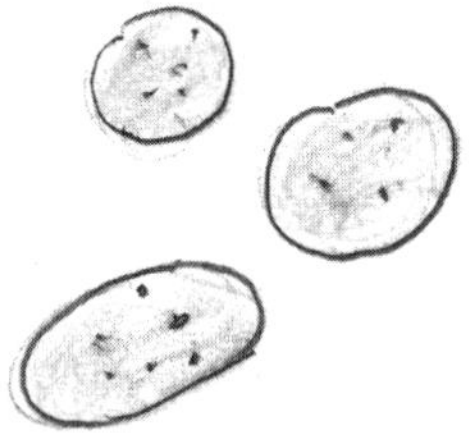

小粒のジャガイモ

●二個一円のキャラメル

これもドクロ坂の借家に住んでいた頃の話です。ドクロ坂はシラス台地を掘り込んで作った切通《きりどおし》でした。私の家族が住んでいた借家より上の道沿いに家屋が数軒並び、一番上には製材所がありました。その製材所のひとつ下手《しもて》に駄菓子屋があって、一円から五円ほどの小遣銭《こづかいせん》をもらった時は、この店で駄菓子を買いました。坂の下のノブちゃんの店で買った記憶がないので、ノブちゃんの店は高級なお菓子を売っていたか、子供の感覚では少し遠かったかのいずれかだったのでしょう。

ドクロ坂の駄菓子屋で買ったお菓子のひとつが、二個一円で売っていたキャラメルです。包み紙を開くと、黒い色の四角いキャラメルが入っていました。黒砂糖の強烈な味がしましたが、黒砂糖以外の甘味料も入っているのが四歳の子供にもわかる代物《しろもの》でした。それでも一円で二個手に入るのが魅力で、このキャラメルを買っていました。時には二個のうち一個が一緒に遊ぶ友人への贈りものになりました。こちらに手持ち金がない時は、キャラメルを振舞われる立場になったのはもちろんのことです。キャラメルは友情を確かめ合うための仲介物でもありました。

その頃の一円は、勤勉で知られる二宮金次郎の肖像が印刷された紙幣《おさつ》でした。小学校に入って、悪い点をとったときに押される、薪《たきぎ》を背負った少年の絵と「勤勉進歩」の文字がセットになったゴム印で二宮金次郎と相まみえる数年前から、私と金次郎翁は馴染《なじ》みの間柄でした。私にとって金次郎翁は黒砂糖キャラメルのおじさんだったのです。

ちなみに、私は和気清麻呂《わけのきよまろ》の肖像が印刷された五〇銭札《さつ》を使って、このキャラメルを一個買ったように思うのですが、記憶違いでしょうか。

この駄菓子屋で私がたまに買った喰いものが力豆《ちからまめ》、すなわち蚕豆《そらまめ》を油で揚げて塩味をつけたフライドビーンでした。ただし、力豆は四歳の子供が両手ですくって一杯分を紙袋に入れて五円だったので、しょっちゅうは買えません。これを買った日は、遊び友達に大盤振舞《おおばんぶるまい》して、大いに喜ばれたものです。

キャラメルのほうは口の中の滞在時間が五分ほどですが、力豆は一〇個ほどをズボンのポケットに入れて、ひとつずつ取り出してボリボリかじれば、一時間はもちました。まだ喰いものがあるという心強さの中で、製材所の周りや、自動車が一時間に一台も通らないドクロ坂の道や、切通に掘られた防空壕《ぼうくうごう》の入口（中に入る勇気はない）で遊びました。忘れられない駄菓子の思い出です。

二個一円のキャラメルと力豆

●パチンコ屋の羊羹《ようかん》

伊集院駅を出て神野川《かんのかわ》に架かる橋を渡り、三〇mほど行くと、伊集院の町屋が並ぶT字路に至ります。このT字路を右へ曲がった二軒目か三軒目にパチンコ屋がありました。間口《まぐち》二間《けん》（三・六m）奥行《おくゆき》五間（九m）ほどの細長い店内に、向いあわせで二列、それぞれの端に一列、合わせて四列にパチンコ台が並んでいました。台の数は五〇台なかったと思います。

私の父は真面目な公僕《こうぼく》でしたが、パチンコとスマートボールを楽しむ人でもありました。ドクロ坂の借家に住んでいた頃、私は父に連れられてこのパチンコ屋へ何度か行ったことがあります。その頃のパチンコは立ってやっていました。釘の数が少なくて玉の振り出し口から出口に消えるまでの時間が短い今のパチンコ台とは異なり、当時の台は釘がたくさんあって、一玉打つとそれが途中の穴か出口に消えるまで四〜五秒かかります。そして、お客さんも打った玉が消えるまで、次の玉を打たずに待っていました。チューリップもフィーバー仕掛もありませんでしたが、二〇円も出せばしばらくの間楽しむことができる、今思えば良心的な台でした。

父は二〇円ほど玉を借りて、気にいった台を見つけると、振り出し口の穴に一玉ずつ入れて、丹念に打ち始めます。そして五回に一度ほどは途中の穴に玉が入って、下の受け皿に何個かの玉が出て来ます。これが数度続くことがあって、玉が受け皿に溜まると、機嫌をよくした父は受け皿から玉を一〇個ほど掬《すく》いとって私にくれました。

私はその玉を両手で捧げ持って、父から少し離れた台を選んで打ちます。なにしろ身長が一mに足りない子供なので、目よりも高い位置にあるパチンコ台の穴に玉を入れ、バネを力いっぱいはじくことになります。玉の勢いが強すぎて、半分以上の玉はもとの場所に戻ってきましたが、盤面で踊《おど》る玉もあって、それが出口に吸い込まれるまで顔と目を動かしたものです。

無欲というか、遊びというか、時には途中の穴に玉が入って、下の受け皿に何個かの玉が出て来ます。一〇回ほど打つと、二〇個ぐらいに増えることがありました。その間約一〇分。満足して父を見ると、父は大体負けていました。たまに玉の数が増えていても、父はそれ以上の時間遊ぶことはしません。

勝った時、すなわち借りた玉の数より残った玉の数が多かった時は、店のお姉さんがいるカウンターで景品に替えてもらいます。父は一箱二〇本入り二〇円のタバコ「ゴールデンバット」を、勝った玉数だけ替えることが多く、私には小さな羊羹何個かに替えてくれました。

この羊羹を一日一個ずつ喰いました。その羊羹たるや、毒々しい緑色で、角は砂糖ではないが白く甘い物質が結晶を作っていました。今ならとても喰う気が起らない代物《しろもの》ですが、甘いものに飢えていた当時の私には宝物でした。まず角の白く甘い部分を嘗《な》め、次にそこをかじってから、幸福感にひたりつつ本体をゆっくり味わいます。本当に幸せでした。

大学生の頃、パチンコに狂った時期がありますが、たまに勝っても幼い頃に味わった幸福感にひたれた記憶はありません。金に替えていたからでしょう。昭和二〇年代後半は、私もパチンコ台も幸せな時代でした。

二〇年ほど前、三男が小学校に入学したので、社会経験のために近くのパチンコ屋に連れて行きました。そして三男と並んで二人とも数回打った頃、女性の店員がやってきて、柔らかい物腰で「お子さんは遊べないことになっています」と申しました。私は「社会見学だよ」と答えたのですが、その店員は笑《え》みを浮かべて何も言いません。「そうですか」と言って店を出ました。店員の対応はじつに見事でしたが、今の世を生きる子供は大変だとも、また、おおらかだった昔を懐かしくも思いました。

パチンコ屋の羊羹

●マッカーサーのタケノコ

旧電報電話管理局の建物の番人を兼ねて、私の家族が大きな建物に無賃《ただ》で住んでいたことは前に話しましたが、私が幼稚園の年長組になってまもなく、この借家を出ることになりました。

この借家の家主《やぬし》は一反歩《たんぶ》（一千㎡）ほどの広さの畑を隔てた隣に住んでいました。伊集院の郷士《ごうし》の子孫で、めっぽう気が強く、マッカーサーの異名を持つおばさんでした。昭和一〇年代までに生まれた方はおわかりいただけると思いますが、あの占領軍最高司令官ダグラス・マッカーサーです。そのマッカーサーが、大きなタケノコを片手に抱えて、わが借家を訪れたのです。

その日の二日前、私と弟は台所から包丁を持ちだして、垣根代わりになっている竹薮のタケノコ採りに行き、もう少しで切りとれるというところでマッカーサーに見つかり、こっぴどく叱《しか》られました。

子供なので事の重大さはわかりませんでしたが、マッカーサー家の竹薮なので、今思えば立派な泥棒だったのです。「コリャ証拠物件を持って怒鳴《どな》り込みに来たな」と、私は縮みあがりました。

ところが、マッカーサーは「これは手土産《てみやげ》でございます」を鹿児島弁で言いながら、母にタケノコをさし出すではありませんか。これで叱られることへの恐怖は去りましたが、マッカーサーと母は何やら深刻に話しています。

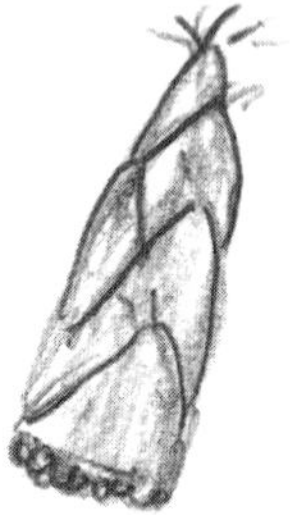

マッカーサーのタケノコ

マッカーサーが帰った後、母はしばし考え込んでいましたが、私と弟に「鹿児島のじいさんばあさんと一緒に住むか」と尋ねました。マッカーサーの子供が医者で、この建物を病院に使うので、出ていってくれという通告を受けたらしいのです。かくして、私の家族は鹿児島市に住む母方の祖父母の家に居候《いそうろう》することになりました。

ちなみに、タケノコは切りとるものではなく、掘りとるものだと知ったのは、大人になってからのことです。タケノコは地下茎の節から伸びてきますが、その先端が地表に姿を見せる前後に、地下茎の節の部分まで掘って採ったものでないと、硬くて喰えません。私と弟が切りとりかけたタケノコは、私の身の丈《たけ》近くまで伸びていたので、硬くて喰えなかったはずです。切りとる前にマッカーサーに見つかってよかったと、今は思っています。

●伊集院饅頭《まんじゅう》

前回は前置き話で、今回が本題です。私が我《が》を張ったのか、父がそうしろと言ったのかは覚えていませんが、私は弟とともに鹿児島市から伊集院町の幼稚園へ通園することになりました。

シュッシュッポッポの蒸気機関車が数両の客車を牽引《けんいん》していた時代です。朝七時半頃西鹿児島駅（今は鹿児島中央駅）を出る列車に父と一緒に乗って、三〇分ほどで伊集院駅に着き、父は電報電話局へ、われわれ二人は幼稚園へ行きました。

そして、幼稚園が終わる三時頃、われわれは電報電話局に「出勤」して、父の仕事が終わるまで電報電話局近くに住む幼稚園の友人と遊びつつ待つ日課が続きました。そして、夕方五時半頃の汽車に乗り、鹿児島市の家に帰りつくのが六時半頃でした。父が忙しくて一緒に帰れない日は、父の通勤仲間に連れられて帰宅しました。

電報電話局近くに住む幼稚園の友人は何人かいましたが、もっともよく遊んだのが、電報電話局下の伊集院饅頭屋のシュウヘイちゃんです。その理由は読み取られたと思います。お察しのとおり、シュウヘイちゃんと遊んだのは、シュウヘイちゃんの人柄に引かれたのが半分、饅頭欲しさが半分でした。

伊集院饅頭とは、白の漉餡《こしあん》を餅でくるんだ、直径四㎝厚さ一㎝ほどの今川焼《いまがわやき》型生菓子で、上面には薩摩藩主島津家の家紋が押し付けてありました。伊集院饅頭は高級菓子で、その頃は一箱六個入りが二〇円か三〇円だったように思います。

したがって、わが子の友人でも、売り物は喰わせてくれません。シュウヘイちゃんのお父さんが私と弟にくれたのは、半ば焼け焦《こ》げて硬くなった餡《あんこ》でした。

それでも、甘さに飢えていたわれわれはつとめてシュウヘイちゃんと遊んだものです。ごくたまに売りものをもらった日は、至福の時を過ごしました。

伊集院饅頭は今でも鹿児島へ帰った時に買って喰います。私にとって、伊集院饅頭は口に入れて噛むごとにシュウヘイちゃんと遊んだ日々が蘇《よみがえ》るお菓子です。

シュウヘイちゃんは元気にしているだろうか。饅頭屋を継

伊集院饅頭

いでいたら、子供の友人たちに伊集院饅頭を喰わせてやっているだろうか。喰いもののことばかり考えていた頃の私には珍しく、満ち足りた思い出です。

●局長室の前でひたすら饅頭《まんじゅう》を待つ

今回も汽車通園していた頃の話です。なぜかは覚えていませんが、時々汽車ではなく、バスで鹿児島まで帰ることがありました。

その間ほぼ一時間、途中で標高二〇〇mほどの峠を越えての帰路です。そのたびに、バスのスピーカーから流れてくる流行歌を聴きました。高田浩吉《こうきち》が甲高《かんだか》い声で唄う『伊豆の佐太郎』の「故郷見たさに戻ってくれば、春の伊豆路《いずじ》は月おぼろ……」という歌詞は、今でも覚えています。伊集院幼稚園の中では、私は流行歌を多く唄える園児のひとりでした。

バスが峠を越えて一〇分ほど過ぎた停留所で、電報電話局の局長さんがバスを降ります。この人は頭を刈っていたのか、ハゲていたのかはわかりませんが、坊主頭でした。鷹のような鋭い目をした、参謀本部勤務の陸軍中佐という感じの人でした。

この局長さんに二〜三日に一度の頻度で来客があって、お茶とお菓子が出されていましたが、客の大半はお茶だけ飲んで帰ります。あとに残るのは、前回話した伊集院饅頭や栗饅頭の類《たぐい》です。午後三時過ぎに幼稚園から電報電話局へ「出勤」してきた私と弟は、「局長室に来客あり」との情報を得るや、シュウヘイちゃんと遊ぶのを一方的にキャンセルして、局長室の前でお絵描きなどをしながらひたすら待ちます。そして、客が帰った後、三分の二ほどの確率で局長さんからお菓子をもらえました。そのお菓子の美味《おい》しかったこと。

「ところが！」です。局長室の前で網を張っているわれわれを、事務室で仕事をしている父が「ちょっと来い」と、手で招くのです。「なんじゃろ」と思って行くと、二人ともほっぺたを強烈につねられました。その時の父の目は「いやしい真似《まね》をしやがって　バカヤロ！」と言ってました。つねりかたが尋常でなかったので、甘いものに飢えた餓鬼でも、してはいけないことだということがよくわかりました。

その時以来、私は人前では物欲しそうな顔をしないようになりました。父は五一歳で浄土に赴《おもむ》きましたが、私には死ぬまで恐《こわ》い人でした。ただし、恐いの中身は恐怖ではなく、畏敬《いけい》でした。筋を通す典型的な昔人間だった父の血は、私にも受け継がれています。

たまに伊集院へ行くことがありますが、駆《か》け巡る回想のひとつが、饅頭の美味しさとつねられたほっぺたの痛みです。後からわかったことですが、この局長さんは父母の仲人《なこうど》でした。そんな人に「いやしい子供に育てている」と思われるのが、父は辛《つら》かったのだろうと思います。申しわけないことをしたと、今でも反省しきりです。

●たもる

私が通《かよ》った幼稚園は伊集院町で唯一の幼稚園でした。同じ学年の園児数は三〇人ほどだったと思います。幼稚園に通える範囲の人口が五千人だとすると、同じ歳《とし》の子は百人前後でしょうから、幼稚園に通っていた子は三分の一もいなかったことになります。

幼稚園ではお互い名前で呼び合っていました。同じ姓の家が多かったせいかも知れません。私は「ショウちゃん」と呼ばれていました。名前も同じ場合は「～屋のタミ子」のように、親の稼業で区別していました。

この幼稚園はキリスト教会が経営していました。したがって、昼の弁当を喰う前に、神に感謝する祈《いの》りがあります。

その祈りの中に、「～し給《たも》う」という言葉がありました。食事前の祈りに出てくる言葉なので、私は「給う」とは喰うことだと思っていました。鹿児島では喰うことを「たもる」

と言うからです。「何か喰おう」は鹿児島弁では「ないかたもろかい」になります。そんなわけで、在園中の二年間、私は「さあ喰うぞ」の意味だと思い込んで、「〜し給う」を唱えていました。

この幼稚園の学芸会で、私はイエスの父親ヨセフ役を演じたことがあります。ヨセフの職業は大工だったようで、私は板とノコギリを持たされて、イエス役と聖母マリア役の園児と一緒に舞台に上りました。そして、この劇の中で、私が「〜し給う」と言う台詞《せりふ》がありました。私は「ヨセフ一家はこれから何を喰うのだろう」と思いつつ、大声で台詞を言ったことを覚えています。

その頃の私は、喰うことを物指《ものさし》にしてものごとを考える、聖者キリストから見るとバチあたりの幼稚園児でした。

●アカトモさんにお菓子を買ってもらう

アカジトモゾウさんは日本社会党に所属する鹿児島一区選出の衆議院議員でした。どんな漢字を書くのかは記憶にありません。私にはアカジトモゾウさんでした。私の父は職員組合の執行委員をしていて、アカジトモゾウさんとは親しかったようです。アカジトモゾウさんを知る人々はアカトモさんと呼んでいたので、ここでもアカトモさんと書くことにします。

私が鹿児島〜伊集院間を通園していた頃です。今時の国会議員は、秘書や耳にイヤホンを付けた目つきの鋭い連中に囲まれて、一人でいる姿を見たことはありませんが、昭和二〇年代後半、アカトモさんは一人で伊集院の町を訪れ、組合の闘士だった父と親しく話をしていました。私から見ると、アカトモさんはまん丸のロイド眼鏡《めがね》が似合う気さくなおじさんでした。

ある日、アカトモさんと父と私と弟が一緒に伊集院駅まで行き、アカトモさんは川内《せんだい》方面へ向かう上りの汽車に乗り、われわれは鹿児島へ帰ることになりました。お互いまだ時間があったのか、アカトモさんは父と何やら話を交わしていましたが、やおら立ち上って、私と弟に「何か買ってやろう」と宣《のたま》わったのです。

父はやんわり断わりましたが、私と弟はもう買ってもらうつもりで、駅の売店の前で品定めを始めていました。何を買ってもらったかは覚えていませんが、この時もお菓子だったことに間違いありません。アカトモさんが売店のおばさんに金を払ったところで上りの汽車が来て、アカトモさんは車中の人になりました。

　私と弟にとって、アカトモさんは偉い国会議員ではなく、駅の売店でお菓子を買ってくれたやさしいおじさんでした。お菓子を一緒に選んでくれたロイド眼鏡のアカトモさんの姿を、今でも思い出します。

　そのアカトモさん。私が小学生の頃も衆議院議員で、選挙の時には広報車の小型トラックに乗って声を枯らしていました。そして、鹿児島市武町《たけまち》のわが家の前を通る時は、トラックを止めて挨拶《あいさつ》に来ていました。名前も人柄《ひとがら》も庶民の味方、日本社会党がもっとも元気だった頃の闘士、アカジトモゾウさんの思い出です。

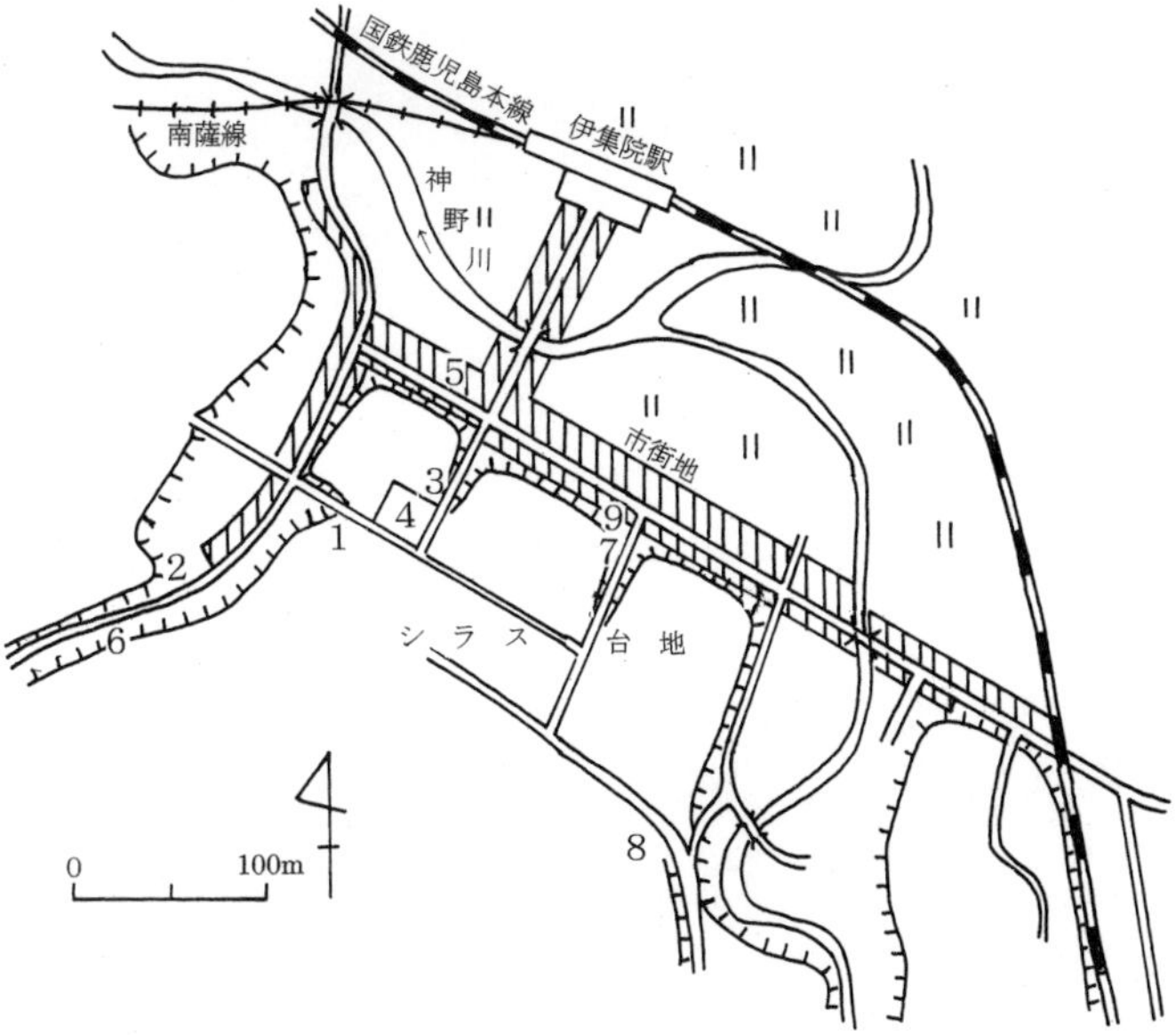

伊集院の町で話題にした場所

1　サトウキビを喰った借家		2　外便所の借家	3　花パンの店
4　町役場	5　パチンコ屋	6　ドクロ坂	7　電報電話局
8　幼稚園	9　シュウヘイちゃんの家		

第二幕………小学校低学年の頃（昭和三〇年代前半）

●ダイヨウショク

　私は昭和三〇（一九五五）年に鹿児島市立武《たけ》小学校に入学しました。ここからは、小学校低学年の頃にめぐりあった喰いものたちへの恨み節です。

「ダイヨウショクを漢字で書きなさい」と問われたら、あなたはどんな漢字を充《あ》てますか。私は中学校で日本の歴史を習うまで、大洋食だと思っていました。小学校低学年の頃、母に「ダイヨウショクはどんな字を書くのか」と尋ねたら、「大きな洋食と書く」と答えたからです。

　しかし、わが家のダイヨウショクの献立はサツマイモ・ヤキソバ・ウドンなどの粗食だったので、「太平洋戦争で日本に勝ったのに　欧米人たちは質素《しっそ》なものを喰ってるな」と、不思議には思っていました。

　わが家では、日曜日は朝夕二食だけのことがありました。朝飯は平日よりやや遅い午前八時頃で、昼飯は抜いて、夕飯を午後三時頃喰います。

　ヤキソバの場合、母が私に隣の萬《よろず》食品店からラーメン（柔らかい中華麺《めん》）の玉を四個買って来るように指令することで、夕飯の準備が始まります。母は七輪《しちりん》に火をおこしてから、フライパンを置き、少し油を垂らした後、キャベツとラーメンの玉をかき混ぜながら炒めると、ほぼ五分でできあがります。あとは人の数だけ皿に分けて、各人が好みの量の醤油をかけて喰うだけです。夜まで起きていると腹が減るので、早めに寝てしまえば、月曜日の朝まで目覚めないという、家計を預《あず》かる母にはじつに都合のよい献立でした。

これはヤキソバの場合ですが、ほかの献立もたいして変わりません。ダイヨウショクは献立の幅は少々あるものの、じつに質素でした。

それでも、映画で見た欧米人も食事の時は皿にウドンのような麺を乗せ、醤油のようなものをかけて喰っていたので、大洋食だと思って疑いませんでした。

ダイヨウショクが代用食であることがわかったのは、中学校の歴史の時間に、太平洋戦争中と終戦直後の食料難について習った時です。「目からウロコが落ちるような」という表現がありますが、まさにこの時は目からウロコが落ちるように、大きな疑問が一挙に解けました。

わが家のダイヨウショクは食費を浮かし、かつもっとも簡

わが家のダイヨウショク

単に調理できる、母にしてみると一石二鳥の献立だったのです。私が映画で見た、欧米人が喰っていたウドンのような麺は、パスタの類《たぐい》だったのでしょう。五年あまりの間、母を信じ続けた素直《すなお》な少年の話です。

●ダイコンの千切り入り味噌汁

昭和三〇年代の前半、父はひと月に二度給料をもらっていました。私が小学校三年生だったと思います。父の給料袋から出てきたのは、聖徳太子がお三人様、すなわち千円札《さつ》三枚でした。タバコの二〇本入りゴールデンバットが三〇円だったと思うので、三千円はゴールデンバット百箱分。ヘビースモーカーならばひと月でタバコ代に全部消える些少《さしょう》な金額です。

宴会が続いたのか、不時の出費があったのか、理由はどうでもよいことで、これで半月喰いつながねばなりません。三枚の聖徳太子をしばらく眺めていた母が、「次の給料日までおかずは味噌汁だけにする」と同じ趣旨の言葉を、鹿児島弁で無表情につぶやきました。

次の日からおかずは味噌汁と漬物だけになりました。どの季節だったかは覚えていませんが、ダイコンを太めにおろした千切りが味噌汁の中に毎度入っていたので、晩秋から初冬にかけての季節だったのでしょう。このおかずが半月ほど続きました。

私も聖徳太子三枚はたしかに見たので、このおかずに文句は唱《とな》えませんでした。味噌汁の中にダイコンが浮いているという程度ではありません。ダイコンの千切りが総容積の半分以上を占める、豪快な味噌汁でした。ダイコンはほのかに甘いので、これだけ大量に入っているとむしろ美味《おい》しいと思ったぐらいです。父も黙々とダイコンの千切り入り味噌汁を喰っていました。

私が味噌汁と漬物だけのおかずに耐えられた理由は、もうひとつありました。それは学校給食です。二年生までは給食がない日もありましたが、三年生からは土曜日を除いて給食がありました。香ばしくない生焼けのパンと、脱脂粉乳と、野菜のゴッタ煮の温食《おかず》（小学校では「おんしょく」と呼んでいた）からなる献立でしたが、わが家の朝晩のおかずに比べれば、豪華な献立です。美味しくないと不平を言う級友をよそに、この時ばかりは私は豪華な献立に満足していました。本当に有難い学校給食でした。

約半月後、父が給料を運んできたらしく、味噌汁と漬物だけのおかずは突然姿を消して、相変わらず一汁二菜ではあるものの、おかずは日替りに戻りました。

その後、ダイコンの千切り入りの味噌汁が出るたびに、私は三枚の聖徳太子のご尊顔《そんがん》と半月の耐乏生活のことを思い出したものです。

●ズシ

今回の話題はズシです。スシではありません。喰い残した飯を味噌汁に入れて、箸《はし》でほぐしながら煮込んで作る雑炊《ぞうすい》です。雑炊を鹿児島の人が発音すると、ズシになります。

わが家では週末の昼に食材がない時は、ズシが幅を利《き》かせていました。誰でも簡単に作れるのがズシの長所です。ズシは数年後に流行《はやり》だした即席ラーメンよりも簡単に作れるので、作ってもらうものではなく、子供でも自分で作るものでした。「腹へった　何もない　ズシ作れ」となります。

私はズシが大嫌いだったので、よほど腹が減っても、ズシは作りませんでした。ところが、母と弟はズシが好物のひとつでした。まさにこれ親子という感じで、二人して楽しげにズシを作り、ホカホカ湯気が立ちのぼるやつを、いかにも美味《おい》しそうに喰うのです。味噌汁の出汁《だし》をとるために入れてあるジャコが顔を出したりすると、「ダシジャコだ！」と歓喜の色を露《あらわ》にして口に運んでいました。この二人は今でもズシを作って楽しんでいます。私はいまだにこの親子の味に対する感覚が理解できません。

母は「ズシはまだましな喰いものである　私が子供の頃に食べたヒヤシュイ（冷や汁）と比べると　ズシは米が多く入っているうえに　暖かいからご馳走《ちそう》だ」と同じ趣旨の言葉を鹿児島弁で申します。

母からの聞きとりによると、ヒヤシュイは次の手順で作ります。精白した大麦を煮て、水洗いしてヌメリをとってから、麦九米一の割合でもう一度炊きます。丸いままの麦は糊化《こか》しにくいので二度炊きするのです。次に味噌を擂《す》り鉢に入れて擂ってから水で薄めます。あとは飯に冷たい味噌汁をかけて口へ掻き込むだけです。米がほとんど入っていないので、粘りはないし、口の中で麦がプチプチ跳ねて喰いにくかったようです。

ヒヤシュイは鹿児島の庶民が夏に喰う日常食のひとつでした。私はズシよりヒヤシュイのほうが趣《おもむき》のある喰いものだと思います。ズシとヒヤシュイのどちらが不味《まず》いかの議論が、親子になって六〇年を経た今も続いています。

●カボチャガライモ

鹿児島ではサツマイモをカライモと呼びます。薩摩の国から西南日本に伝わったからサツマイモ、薩摩の国には唐《から》（中国）から伝わったからカライモということになっています。サツマイモの日本での栽培起源地にふさわしく、鹿児島にはいろいろな種類のサツマイモがあって、全国どこでも見られる皮が紫色で中身が黄色の種類のほか、皮も中身も紫色のもの、皮も中身も黄白色のものもあります。これらの中では皮も中身も紫色の種類がもっとも美味《おい》しく、私は「ナカムラサキ」と呼んでいました。皮も中身も黄白色のものはもっとも不味《まず》くて、これは澱粉《でんぷん》を採るのに使われます。

四〇年ほど前まで鹿児島県にはサツマイモから澱粉を採る工場が各所にありました。すりつぶしたサツマイモから澱粉を沈澱《ちんでん》させる方式だろうと思いますが、どの町へ行っても工場の周囲には澱粉粕《かす》の不快な臭《にお》いがたちこめていました。

カボチャガライモもサツマイモのひとつで、皮も中身も朱色のイモです。このイモの長所は甘味が強いこと、欠点は柔らかいために煮崩れすることで、ほかのイモと一緒に煮るとカボチャガライモの皮と中身がほかのイモにくっついて、見た目と美味しさを落とします。

わが家では米八押麦《おしむぎ》二の飯を日常喰っていました。この比率でも麦が目立って米麦半々ほどに見えます。押麦は米より軽いので、炊くと浮き上って飯の表層を覆います。私は飯をついでもらう順番をなるべく後回しにしてもらって、少しでも多く米が入った飯を喰うようにしていましたが、母も慣れたもので、皆へ適度に麦が混じるように、羽釜《はがま》からよそっていました。ただし、佛《ほとけ》さんには羽釜の飯を掘って、ほとんど米だけの部分をあげていました。

この麦入り飯にサツマイモが入ることがありました。炊きあがると麦が多い羽釜の上の部分に角切りのサツマイモが何個も鎮座《ちんざ》する代物《しろもの》で、私はこのイモ入り飯が嫌いでした。煮崩れたイモが米や麦に混じって汚く見えるし、イモの甘さが飯の味を落とすからです。

ところが、あのサトウキビのばあさんはイモ入り飯、とりわけカボチャガライモを入れた飯が好物でした。カボチャガライモが手に入ると、ばあさんは米麦と一緒に炊き込んで、いかにも美味しそうに喰うのです。同じ釜の飯を喰う私も、甘く味付けされてしまったべチャベチャの飯を喰わされることになりますが、その苦痛は今でも忘れられません。私はサツマイモは嫌いです。その理由のひとつが、カボチャガライモ入りの飯を喰わされたことです。

大人になってから、カボチャガライモで作った焼酎を飲んだことがあります。飲ませてくれた人の話では珍品らしいのですが、私は美味しいとは思いませんでした。子供の頃の印象はなかなか捨て去れないものです。カボチャガライモには気の毒ですが、私は生涯カボチャガライモを好きになれそうにありません。

●アイスキャンデー

アイスキャンデーは甘い液を凍らせた氷菓子です。冷たくて持てないので、手に持つための棒が付いています。私が子供の頃は、アイスキャンデーにはタケの棒が使われていました。

私の母方のじいさんは、タケを細く裂《さ》いて籠《かご》や笊《ざる》を作る職人でした。私の記憶にあるじいさんは八〇歳ほどだったので、仕事はしていませんでしたが、アイスキャンデー用の棒作りだけは続けていました。モウソウチクを二〇㎝ほどの長さで輪切りにしてから、幅五㎜ほどの厚さにミカン割りすると、棒ができあがります。この棒を両手で束ねられるだけ輪ゴムでとめておいて、束がある程度の数になると、歩いて一分ほどの所にあったアイスキャンデー屋に持って行きます。その運び人が私を含めた孫たちでした。

アイスキャンデー屋は夏の仕事で、他の季節は別の仕事をしていましたが、それが何であったかは覚えていません。夏の暑い盛りにじいさんから声がかかると、タケ棒の束を抱えてアイスキャンデー屋に行きます。アイスキャンデー屋のおばさんは無表情にタケ棒の束を受け取り、代金を渡してから、冷凍庫の扉を開けてアイスキャンデーを取り出して、手渡してくれました。

こうしてその日のおやつが手に入ったのです。アイスキャンデーは白・オレンジ・アズキの三種類の色があって、アズキがもっとも美味《おい》しそうな色で、実際に美味しかったと思います。おばさんはなかなかアズキはくれませんでしたが、アズキを手渡された日は、幸運に打ち震えました。

買えば一本一〇円の氷菓子です。一〇円は二日分の小遣《こづかい》でした。夏に近くの浜へ海水浴に行くと、自転車の荷台にアイスキャンデーが入った箱を乗せ

アイスキャンデー

て、チリンチリンと鈴を鳴らしながら売りに来るおじさんの姿がありました。それを親から買ってもらって喰うのも楽しみでしたが、じいさんの使いで駄賃にもらったアイスキャンデーの味は格別でした。

今思えば、毒々しい着色料を使った代物《しろもの》ですが、甘いものに飢えていた餓鬼には、何ものにも替え難い贅沢《ぜいたく》なおやつでした。

●金生饅頭《きんせいまんじゅう》

五月上旬は、担任の先生が子供たちの家を訪れて保護者と懇談する、家庭訪問の時期です。私が小学校三年生の年までは、先生はカバンに大きな風呂敷を二つ入れて児童の家庭を回っていました。それぞれの家で先生に土産《みやげ》を持たせたからです。慣例なので先生はそれを受け取り、一日に一〇軒訪れると、大きな風呂敷で二包みほどの荷物になります。午後五時頃には、両手に大きな風呂敷包みを持って家路《いえじ》につく先生たちの姿がありました。

太平洋戦争前からある慣例なのか、終戦直後の物資不足の時代に始まったのかはわかりませんが、家庭訪問が四〜五日続けば、かなりの量になったと思います。

その土産の代表格が、鹿児島市街地最大規模の百貨店の地下食品売り場で製造販売する、金生饅頭でした。金生饅頭とは、白大角豆《ささげ》の漉餡《こしあん》を薄皮で包んで焼きあげた、直径五cm、厚さ二cmほどの小型今川焼《いまがわやき》で、名前はこの百貨店がある金生町《きんせいちょう》に由来すると思います。饅頭製造機で作る金生饅頭は、製造工程がお客さんに見えるように、工房の一部分をガラス張りにしてあることでも知られていました。

白砂糖を使う金生饅頭は、黒砂糖を使う今川焼よりも上品なお菓子だったので、一年に一〜二度の頻度で私の口に入る時には、ほどよく焼けた香りを楽しみながら、ゆっくり味わいました。

さて、うちの親も担任の先生への土産用に金生饅頭を買いに出かけたほどですから、ほかの家でも土産に持たせたら、あの大きな風呂敷包みの中には何箱かの金生饅頭が入っていたと思われます。

これが四〜五日続くとどうなるか。先生の家には金生饅頭の箱の山ができたはずです。「先生の家族は山と積まれた金生饅頭を毎日鱈腹《たらふく》喰っているのだろうか」と、この時ばかりは先生の子供がうらやましくて、一度でいいから金生饅頭を鱈腹喰ってみたいと思いました。

しかし、今ふり返れば、どんなに金生饅頭が好物でも、山と積まれた饅頭を先生の家族だけで喰い尽くせたのだろうか。余所《よそ》ごとながら、未解明のままです。

誰かが騒いだのでしょう。家庭訪問時の土産は、私が小学校四年になった年に廃止されて、担任の先生は身軽に児童の家庭を回れるようになりました。昭和三三年のことです。それ以来、五月上旬の特需景気はなくなったでしょうが、その後も金生饅頭は作られ続け、私の口には相変わらず一年に一～二度ほどしか入りませんでした。

金生饅頭は私に家庭訪問を連想させる菓子であり、恨みの対象でもあり続けたのです。

●ツバナ

質素ではあっても、三度の飯を喰わせてもらっていたのに、小学生の頃の私はいつも喰いものを探していました。ここでは、それに関わってふたつ話します。

ひとつはツバナです。ツバナはイネ科の多年草チガヤの異名で、春に白く細いワタアメ状の穂をつけます。このツバナが小学校の縁《へり》を通る鉄道線路の土手にびっしり生えていて、春になると白い穂がたなびく姿が教室の窓から見えました。

そして授業が終わると、隣に住む従兄弟《いとこ》や友人と一緒に「今年のツバナはよかツバナ　もちっと採れたらまだよかツバナ」と、呪文を唱えながらツバナの穂を摘んで喰いました。美味《おい》しくはありませんでしたが、一定量を口に入れると、しばし空腹を忘れることができました。

なにしろ鉄道線路の土手に生えている草で、客車から常に落とされる大小便を栄養にしていますから、時には穂に大小便が着いていたはずで、今思えば「よくあんなものを喰ったな」と、自分でもあきれます。一年に一〜二度おこなわれた検便で回虫を腹に飼っていることが判《わか》り、虫下しを飲んだ記憶が幾度かありますが、ツバナも原因のひとつだったのかも知れません。

それにしても、ツバナは美味しくありませんでした。もっとも美味しいものだったら、穂が出ないうちに同年代の餓鬼どもに喰われてしまって、小学校の窓からツバナの穂がたなびく姿は見られなかったでしょう。春にツバナの白い穂を見るたびに、「今年

ツバナ

のツバナは……」と唱えながら、穂を摘んでは口に入れていた頃を思い出します。

鉄道線路の土手で手に入れていたもうひとつが鉄と赤ガネ（銅）です。おそらく鉄道の工事をするおじさんたちが残していったのでしょうが、土手の草をかきわけて丹念に探せば、鉄や赤ガネが転がっていました。それらを両手一杯になるくらい集めて、小学校の脇に店を構える屑屋に持って行けば、五円ほどの現金が手に入りました。その金が、五分もしないうちに、近くの駄菓子屋でお菓子に化けたのです。鉄道線路の土手は、餓鬼どもが現金収入を得る場でもありました。

ただし、それが親に知れると叱《しか》られました。「危ない所に行くな」ということですが、当時の鉄道は一時間に一度列車が通るかどうかのゆったりしたダイヤでしたし、音が聞こえてから暫《しばら》くしないと姿を現さない蒸気機関車だったので、逃げる余裕は十分にありました。機関車の運転手さんに手を振って列車をやり過ごしてから、再び回収作業をはじめるのです。半世紀以上前の長閑《のどか》な時代の話です。

●トンカツ

私は小学校三年生の時、生まれてはじめて肉の塊《かたまり》と対面しました。それが弟の同級生の家で喰わせてもらったトンカツです。

大人になって母から聞いた話によると、弟の同級生の父親は当時流行《はや》り始めた粉末ジュース作りで儲《もう》けて、裕福な生活をしていたらしいのです。どういう経緯《いきさつ》だったかは覚えていませんが、子供の足で歩いて三〇分ほどかかったこの家に、私と弟が招かれて、おばさんが作ってくれた大きなトンカツをご馳走《ちそう》になりました。

それまでカレーライスや煮物などで細切れの肉を喰ったことはありましたが、大きな皿をほとんど覆うほどの大きい肉の塊とは、この時が初対面でした。百貨店の食堂の見本棚に腰を据えるトンカツを眺めて、一度は喰ってみたいと思っていましたが、こうして目の前に出されると、あまりの大きさへの驚き、そして嬉しさに、手をつけるのをしばし忘れるほどでした。

われに帰って喰いはじめましたが、その美味《おい》しかったこと。今思えば豚肉を叩《たた》き延ばしてパン粉で厚化粧した代物《しろもの》ですが、あの時は文明の味と出会った心境でした。

私が味わった肉塊の感激を、数年後に他人が経験する姿を見ました。私の伯母《おば》はビルマ戦線で夫を失い、辛苦を積み重ねて二人の女子を育てあげた靖国《やすくに》の妻の典型のような人でした。昭和三八年、私が中学二年生の冬に、この伯母と熊本市の食堂で食事したことがあります。その時伯母はシチューを喰ったのですが、シチューの中に入っている肉の塊を見て、「私はこんな大きな肉を喰うのは生まれてはじめてだ」と同じ趣旨の言葉を鹿児島弁で呟《つぶや》きました。

わかるなあ、その気持ち。私は生まれて僅か一〇年後、伯母は生まれて五〇年もして味わった感慨《かんがい》なので、その深さは比べようがありませんが、それでも私には伯母の気持ちがよくわかりました。経験した者でないと理解できない、あこがれの喰いものと感激の初対面をしたという話です。

● 納豆《なっとう》

私が幼稚園の年長組から小学校四年生までの五年間、私の家族は母方の祖父母の家に同居していました。土地は借地、家は持ち家でした。板壁ひとつ隔てて二世帯で住む方式の建物で、片側に祖父母と嫁《い》かずの伯母《おば》と私の家族五人の合わせて八人が住み、もう片側には別の伯母の家族が八人で住んでいました。私の家族は昭和二八年に妹が生まれて、五人になっていました。

部屋の間取りは、じいさんがタケ籠《かご》を作る仕事場に使っていた部屋に畳《たたみ》を敷いた三畳《じょう》と、床《とこ》の間《ま》と押入付きの六畳と、奥の四畳半の三部屋で、それに台所と廊下と外便所が付いていました。外便所は私が小学校二年生の時に内便所に作りかえました。水ははじめは井戸から汲んでいましたが、その頃は水道になっていて、ひとつの蛇口を四世帯で使いました。

なにしろ三部屋で八人が生活するうえに、箪笥《たんす》などの家具が占拠する部分は使えないので、布団《ふとん》を敷くと畳はほとんど見えなくなります。相撲《すもう》部屋で若い衆が寝起きする大部屋のような生活でしたが、当時はどの家でも子供たちがぞろぞろ出てくるような住宅事情の下で暮らしていたので、窮屈だと感じることはありませんでした。

その小さな家に住んでいた頃の話です。私が小学校三年生になった頃、早朝に納豆売りのおばさんが家の前を通るようになりました。このおばさん、大相撲の関取も真《ま》っ青《さお》の立派な体格の人で、大きなブリキ缶を麻製の太い帯で肩に担ぎ、「ナーット　ナットー　ナット―」と大声で呼ばわりながら上流の集落から坂を下って来ていました。ほかにも煮豆売りや佃煮売りも来ていましたが、このおばさんの迫力は他を圧倒していました。

私はそれまで納豆を喰ったことがありませんでした。言葉の抑揚から見て鹿児島の人ではないらしい関取おばさんにも、納豆がどんな喰いものなのかにも関心がありました。私は納豆を甘納豆のような喰いものだろうと思っていたのです。買ってくれるように幾度も母にせがみましたが、なかなか買ってくれません。あとは根比《こんくら》べです。

根負けした母は、ある日一〇円札《さつ》を出しておばさんから納豆を買ってくれました。それは三角形の紙で包んであり、中は薄い経木《きょうぎ》（包装材）でくるんでありました。その経木を開くと、異様な臭《にお》いとともに糸を引く土色の豆が顔を出したのです。

ご存知のように、納豆は好き嫌いがはっきり分かれる喰いものです。東北日本は元来納豆地域で好む人が多いですが、西南日本には納豆を喰わず嫌いの人がたくさんいます。嫌われる理由は、あの腐ったような臭いと姿です。

納豆は大豆と藁《わら》と馬糞の三点セットが揃っていた東北日本の風土食です。馬糞は有機物が多いので、これを分解する微生物が増えて発酵熱を出します。煮た大豆を藁苞《わらづと》に入れ、馬糞の中に突っ込んで置けば、藁に付いた納豆菌が働いて納豆ができます。鹿児島は西南日本の南の端ですから、納豆地域とはもっとも距離が離れています。私はもちろんのこと、両親もそれまで納豆を喰ったことがなかっただろうと思います。

それでも、家族の中の誰が知っていたかはわかりませんが、納豆を小丼《こどんぶり》に入れ、醤油をかけてから箸でしばし掻き混ぜて、初日から支障なく喰いました。喰ってみると、じつに美味《おい》しかったのです。おそるおそる喰ったであろう家族の構成員も美味しいと思ったらしく、その日以降、私が買ってほしいとねだった日には、すんなり買ってくれるようになりました。納豆は体によいことを、父母が耳にしたからかも知れません。

それから半世紀、私は納豆を喰い続けています。体によいと聞きますし、何よりも安いのが魅力です。一〇〇円出せば、飯二〜三杯分のおかずになります。納豆には世話になって感謝していますし、納豆を喰うきっかけを作ってくれた、関取おばさんにも感謝しています。

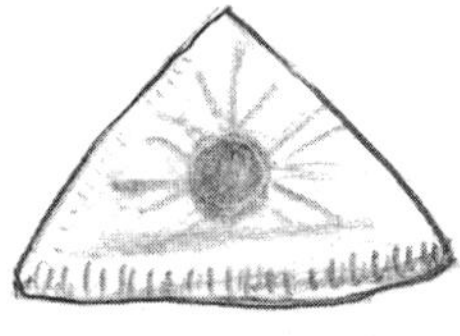

納豆の包み

●卵

私の母は若い頃は体の弱い人でした。私が小学校低学年の頃、母は幾度か病院で暮らしていました。私がひと月足りない未熟児で生まれた時に、母の体を無理させたのが原因らしいのです。

母が入院している間、私はわが家の裏に住んでいた伯母《おば》に手を引かれて、歩いて三〇分ほどかかった病院へ二日に一度ほどの間隔で衣類や雑貨を届けていました。

時折、知り合いの人が見舞いの品を持って、入院している母を見舞ってくれます。見舞い品は何種類かありましたが、もっとも多かったのがリンゴと卵です。リンゴはタケで編んだ籠に八個ほど入ったもの、卵は籾殻《もみがら》入りの紙箱に一〇個ほど鎮座《ちんざ》したものが、それぞれ標準的な量でした。リンゴは病人に清涼感を与え、卵は元気をとりもどす滋養食材で、いずれも病気が治りそうな雰囲気を持ってきてくれる見舞い品でした。

昭和三〇年代の前半は、市バスと市電の運賃・銭湯・菓子パン・納豆《なっとう》・豆腐など、覚えているものの値段すべてが一〇円でした。卵もその仲間で、雑貨屋の籠に盛られて一個一〇円ほどで売られていました。その卵が一〇個前後、しかも大きさを揃えた赤卵なので、一箱一五〇円はしたと思います。今の値段にすれば一五〇〇円といったところでしょうか。当時の卵は、今スーパーマーケットで一パック一〇個入り一〇〇円台で売られている物価優等生の卵とは格が違って、一個いくらで売買されていました。その頃の卵には値段相応の風格がありました。

リンゴはオロシガネですりおろしてから布巾《ふきん》に入れて絞り、ジュースにして母が飲む場合が多かったのですが、卵は母の体によくなかったのか、わが家へ持ち込まれ、主にわれわれ子供の腹に収まりました。

卵料理といえば、煮るか焼くか焼きながら掻き混ぜるかですが、ばあさん、つまり出刃包丁を持ちだして私と弟にサトウキビを喰わせてくれた人は、卵料理を作ってくれませんでした。

そこで、生卵を割って椀《わん》に入れ、醤油をかけて仲良くなるまで掻き混ぜてから、飯にかけて喰うことになります。当時のわが家は一週間に一度銭湯へ行く家計状況だったので、生卵一個が私と弟二人のおかずになりました。しかし、二人でそれぞれ二杯の飯のおかずにするためには、増量剤の醤油をかなり入れないと、用を足《た》せません。ほぼ醤油で喰っていると思ったほどです。入院している母のおかげで喰える卵でしたが、「一個の卵で椀一杯

分の飯を喰えたら　どんなに幸せだろう」と思いながら喰っていました。

あれから半世紀を経た今も、生卵で飯を喰う時には「ちょっと贅沢《ぜいたく》かな」と思い、一杯の飯を喰って、卵らしい液体が椀の底に残っていると、飯を少し入れて喰ってしまいます。

また、テレビ番組で生卵をぶつけたり、罰ゲームで生卵を丸飲みする場面を見ると「このバチあたりが！」と思います。今の若者たちよ、爺《じじい》の喰いものへの恨みは深いぞー。

●アンカケ

私がこの『喰いもの恨み節』を書こうと思い立ったきっかけは、今回の話をしたかったからです。したがって、まだ全ページの三分の一にも来ていませんが、今回の話がこの本の真打《しんう》ちで、他の話はオマケのようなものです。喰いものへの恨みがどれほど深いものであるかを、心してお読みください。

子供の頃の私は甘さをひたすら追い求める餓鬼でした。お使いの駄賃でもらえるアイスキャンデーを嘗《な》めた日は天国へ遠足にでかけた気分でしたし、餡《あんこ》入り饅頭《まんじゅう》が手中にある日はしみじみ幸福感に浸りました。

そんな私を裏切り続けた喰いものが、小学校の給食で一週間に一度は出た「〜のアンカケ」です。学校給食の献立は家庭に配られていたので、今日の温食《おかず》が何であるかは前もってわかっていました。美味《おい》しくなさそうな名前の温食の日は、給食を誰がもっとも速い時間で喰うかを、級友と競いあいました。私は給食の早喰いではクラスで五本の指に入る猛者《もさ》でした。早喰い競争は志願方式で、参加するかどうかは当日の三時間目までに決め、参加した時は、すべての喰いものを三分ほどで腹の中に収めていました。

さて、私が早喰い競争に参加しなかった温食の日がふたつありました。ひとつが「ゼンザイ」の日、もうひとつが「〜のアンカケ」の日です。「ゼンザイ」は誰もが知る甘味の横綱です。一年に二〜三度しかない東の横綱が出るこの日は、じっくり美味しさを楽しみました。

他方、西の横綱になるはずの「〜のアンカケ」の日はいつも期待を裏切られていました。甘い餡がかけてある温食が出るはずなのに、野菜のゴッタ煮にカタクリ粉でとろ味を付けたものしか出ないのです。「今日も学校の都合で温食の献立が変更になったのかな」と思い直すことおよそ二百回、甘い餡がかかったご馳走《ちそう》を一度も喰えないうちに、小学校を卒業してしまいました。

このアンカケなるものが甘い餡をかけた喰いものではないことがわかったのは、二五歳の頃です。食堂のメニューの中に「アンカケウドン」「アンカケソバ」があることは子供の頃から知っていました。そして「ウドンやソバに甘い餡をかけて喰う変人がいるのか」と思っていました。

大人になって甘さを求めなくなってからは、アンカケのことは忘れていましたが、ある日私は「アンカケウドン」を喰いたくなりました。そこで、「アンカケウドン！」と注文すると、食堂のおばさんが持ってきたのは、私の想像とはかけ離れた、ウドンにトロミをかけた奇妙な喰いものだったのです。

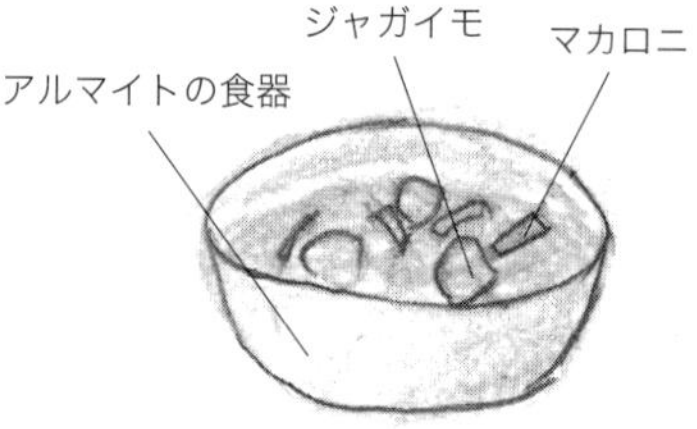

～のアンカケ

「アンカケの正体見たりトロミかけ」で、十数年来の疑問が一気に氷解しました。責任は甘い餡をかけた喰いものと思い込んでいた私にあるのですが、この日以降、私は子供の頃の恨みを晴らすために、ウドン屋で好みのメニューを選べる時はアンカケウドンを注文して、近年まで「コノヤロ！　コノヤロ！」と呟《つぶや》きながら喰っていました。

「～のアンカケ」が給食のおばさんたちの気遣《きづか》いであることがわかったのは、最近のことです。ある本に「アンカケは暖かさを保つ工夫である」と書いてあって、私が半世紀以上にわたって抱いていた、もうひとつの疑問が氷解しました。「～のアンカケ」は、「温食の暖かさが保てるように」との、給食のおばさんたちの心遣《こころづか》いだったのです。それ以来、給食のおばさんたちに感謝しつつ、アンカケウドンを味わっています。

●バス停の駄菓子屋

私の家族は小学校四年生までは武《たけ》小学校の近所に住んでいました。武町《たけまち》は昭和に入ってから市街地になった所で、それまでは田圃《たんぼ》が広がる武村でした。武町よりもひとつ上流側に位置する田上町《たがみちょう》に至っては、昭和三〇年代までは田畑が広がる田舎《いなか》でした。

鹿児島の市街地から武と田上を通り、峠を越えて伊集院に向かう道があって、鹿児島市営バスが田上まで走っていました。起点の田上から、田上郵便局前、武小学校前の順に停留所があり、終点の朝日通までボンネットバスで順調に走れば三〇分で行ける路線でした。田上郵便局前と武小学校前の間に長さ一〇〇ｍほどの緩い坂があって、田上方面に向かう自動車は速度を落として上っていました。

この坂を下りきった武小学校前のバス停留所の横に、間口《まぐち》も奥行《おくゆき》も一間《けん》（一・八m）ほどの店を構える駄菓子屋がありました。われわれ子供の間では「バス停」という名で通《つう》じていたこの店には、子供たちが欲しがりそうな駄菓子や玩具《おもちゃ》がぎっしり並べてあって、中年のおばさんが子供相手に五〜一〇円レベルの商《あきな》いをしていました。一見して人のよさそうなおばさんで、いつも白い割烹着《かっぽうぎ》姿で子供たちの相手をしていました。

駄菓子の中には、子供たちの射幸心（まぐれ当りによる利益を願う気持ち）をそそる籤引《くじびき》方式の売りかたをするものもありました。例えば、小さな猪口《ちょこ》に赤色のゼリーをみたし、それを数十個伏せておいて、一回一円で子供に開けさせます。子供はその場でゼリーを喰って、中に籾《もみ》が入っていたら、もう一度猪口を開けてゼリーを喰う権利が与えられるゲームがもっとも安かったと思います。私の小遣銭《こづかいせん》は一日五円ほどでしたので、手持ち金が乏しい日は、これで遊びと腹を満たしていました。

二円出せば、飴玉《あめだま》に細いヒモをつけ、それを数十個ほど束ねておいて、子供にヒモを引かせ、特別の色か形をした飴玉を引き上げたら当りで、もう一度ヒモを引けるゲームもありました。この飴玉は、外れても口の中で一〇分ほどはもちました。

一回五円の籤菓子の代表がアマナット、漢字で書くと甘納豆でした。A3サイズの縦型堅紙の下半分に一〇粒ほどの甘納豆が入った小袋が三〇個ぐらい貼《は》りつけてあって、この袋のいずれかを客の子供がはずして、袋の中にランク別の当り文字が印刷されていたら、堅紙の上半分に貼りつけてある大きな袋をもらえるゲームです。しかし、下半分の小袋がほとんどなくなっても、一等の大袋がいつまでも最上段に鎮座《ちんざ》していたのは不思議でした。

玩具の代表はカッタ（長方形のメンコ）です。カッタは大きさと模様がいろいろありましたが、これも五円単位で売っていたように思います。紙巻火薬を衝撃で発火させて大きな音を出すピストルと、水鉄砲と、針金に太めのゴムを付けて小石を飛ばすパチンコと、セルロイド製の水中メガネは一〇円でした。虫採り網と魚を採る網は、三〇円ぐらいだったと思います。

こんな商品がバス停の駄菓子屋にびっしり並んでいました。バスが来るのは一時間に二～三度、しかも昼間は乗る人はほとんどいないので、子供たちが何人たむろしていても文句をいう大人はいませんでした。近所の子供たちは、学校から帰ると自分の懐《ふところ》と相談したうえで、この駄菓子屋で遊びと口を動かす楽しみを味わってから、晩飯まで遊び回っていました。バス停横の駄菓子屋のおばさんは、今でもあの歳《とし》のまま私の思い出の中に住んでいます。

●イカの足の甘辛煮

武町《たけまち》のわが家の近くに金比羅《こんぴら》さんがありました。町屋の一角にある小さなお宮で、神主さん一家の庭に、ついでにあるような建物でした。鎮守の杜《もり》はなく、新しい建物だったこともあって、お祭りの御輿《みこし》がそのまま鎮座《ちんざ》しているような感じのお宮でしたが、一家を構えた神主さんがいたので、祈祷《きとう》などの仕事が結構あったのでしょう。

この金比羅さんが面する長さ三〇m幅二mほどの路地に、紙芝居屋のおじさんが来て商売をしていました。夕方、カチカチという拍子木《ひょうしぎ》の音色《ねいろ》が町内に響くと、子供たちは手野球やママゴトをタイム（臨時休憩《きゅうけい》）にして、それぞれ五円か一〇円硬貨を握りしめて、急ぎ足で金比羅さんの路地に集まります。

紙芝居屋のおじさんは金比羅さんの前に自転車を止めて、もう商売を始めています。自転車の荷台の箱は二段になっていて、上の段が紙芝居が入っている箱で、下の段には子供たちに売りさばく水飴《みずあめ》とイカ（烏賊）の足の甘辛煮が収まっていました。おじさんは子供たちが次々に差し出す五円玉や一〇円玉を前掛けのポケットに仕舞い込んでから、客の子供が指定する喰いものを手際よくわたしていきます。

一〇人ほどの客が集まると、紙芝居が始まります。演目はいろいろでしたが、私は「黄金バット」を見た記憶がありません。紙芝居の厚紙は手垢《てあか》がついていて、かなり使い込んでいることが子供でもわかる代物《しろもの》でした。お金の都合がつかなかった子供たちは、見物料を払った子供たちから後方に五mほど間をあけて集まり、話のおよその成行きをつかみます。こうしておけば、次回聴く話と筋がつながるからです。

話はこれからが本番です。紙芝居屋のおじさんが売りさばく商品のうち、水飴は四角いガラス瓶《びん》に入っていました。紙芝居屋のおじさんは、子供たちがさし出す硬貨の金額に応じた量の水飴を、先がやや細くなっているタケ箸《ばし》一本に塗りつけてわたします。水飴は気温が低いと硬くなって取りにくいはずですが、おじさんは季節に関係なく手首を器用に使って箸に塗りつけていました。プロのテクニックなのか、水飴を保温していたのか、冬は薄めて柔らかくしていたのか、今も謎のままです。

問題はイカの足の甘辛煮です。イカの足の甘辛煮は四角形の皿に積んであって、これも一本のタケ箸に突き刺して、子供たちにわたします。イカの足の甘辛煮には、甘辛両方の調味料が使われていて、甘いのか辛いのかよくわからない珍妙な味でした。口に入れた時は醤油の味がしますが、しばらく嘗《な》めたり噛《か》んでいると、妙な甘さが加わるのです。子供ながらに体によい喰いものだとは思わなかったので、私はもっぱら水飴派でした。

紙芝居は一〇分ほどで終わり、その間に水飴もイカの足の甘辛煮も子供たちの腹の中に収まってしまうと、おじさんは「はい！　続きは次回のお楽しみ」との口上《こうじょう》を残して、次の興行地へ去っていきます。

子供たちは中断していた遊びに戻りますが、イカの足の甘辛煮を喰った子供は、まず口の周りについたタレを舌で嘗《な》めとってから、口中の甘辛さから逃れるために水を飲みます。水は下を向いている水道の蛇口に口をつけて飲みました。紙芝居見物から帰ってきた子供たちが水場で入れ替わりつつ水を飲む姿を見て、大人たちは「イカの足の甘辛煮を喰ったな」と察することになります。その日の晩に子供の腹具合が悪くなるようなことがあると、紙芝居屋のおじさんが悪者になりました。

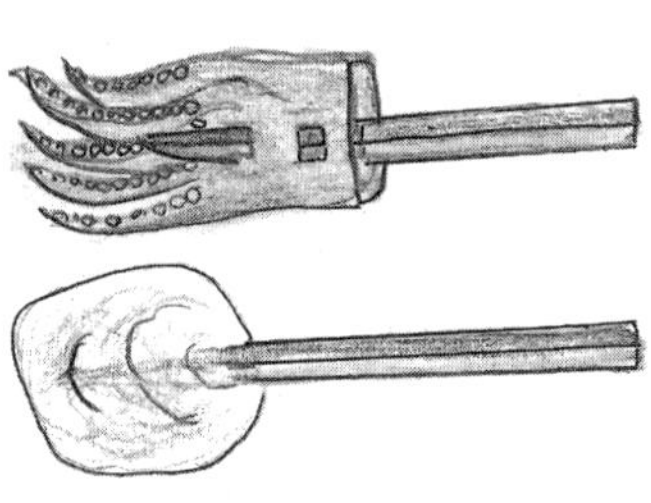

イカの足と水飴

それでも紙芝居屋のおじさんは相変わらず金比羅さんの路地に現れましたし、子供たちも常連が集まっていました。イカの足の甘辛煮の珍妙な味は忘れられません。

●カタガシ

カタガシ（型菓子）は、米粉に白砂糖を混ぜ、ごく少量の水を加えて手でよく練ってから、蓮《はす》の花などの木型に詰め込んで作る造形菓子です。米粉に色を着けておけば、全体がその色になりますし、表面の一部に色粉をまぶせば、美しい模様がつきます。カタガシは佛壇《ぶつだん》の供物《くもつ》のひとつで、数日後には子供の口に入って、有難い功徳《くどく》を施してくれるお菓子でした。

昭和も三〇年代の半ばになると、子供たちの購買意欲をそそる様々なお菓子が出回るようになって、カタガシのような古いタイプの菓子は子供たちには好まれなくなり、老人の間食に転身していきました。そんな境遇のカタガシを話題にするのは、父の母、つまり外祖母について話したいからです。

母の母、すなわち伊集院の借家でサトウキビを喰わせてくれたばあさんは、私が小学校三年生の夏に脳溢血《のういっけつ》で浄土に赴《おもむ》きましたが、父の母が浄土に旅立ったのは私が二七歳の時でした。このばあさんは、和傘を作る職人だったじいさんに仕えつつ、七人の男子と一人の女子を育てあげた、明治生まれの傑女《けつじょ》で、軍隊に召集された五人の息子全員が生きて帰って来るという強運に恵まれた人でもありました。

しかし、昭和二〇年代後半にじいさんが他界した後は、住んでいた家を出て、じいさんの位牌を持って息子たちの家を転々とする余生を送っていました。私の父は婿《むこ》養子に出されたので、ばあさんがわが家で暮らすことはありませんでしたが、父は生活費をわたしていたようです。

カタガシ

その生活費を届けるためか、または何かの用事で、ばあさんが住む伯父《おじ》の家に使いに出されることがありました。昼間に行くと、ばあさんが留守番をしていて、「よく来た」と言って、佛壇に供えてあるカタガシを私に喰わせてくれました。カタガシは材料が米粉なので、喰うと口の中にへばりつくし、喉《のど》も通りにくいのですが、ばあさんの好意なので、有難くいただいたものです。そして、私が帰る時にばあさんは一〇円ほどの小遣銭《こづかいせん》を握らせてくれました。

このばあさんは嫁たちにはきびしい人だったようで、私の母をはじめ嫁たちには評判が悪く、しばしば父と母との夫婦喧嘩《げんか》の種になっていましたが、私にはやさしくしてくれました。カタガシを見るたびに、私がカタガシを喰うのを目を細めて眺めていたばあさんを思い出します。

●ロバのパン

「パッコパッコパッコパッコ　ロバのおじさんチンカラリン　チンカラリンロンやってくる……」の歌とともに、パンと販売員のお姉さんを乗せた四輪車をロバ（じつは小型の馬）に引かせて、ロバのパンのおじさんは一週間に一度の頻度で子供たちの前に姿を現していました。昭和三〇年代前半の話です。

この頃は太平洋戦争中と終戦直後の食料難の時期を乗り越えて、子供向け駄菓子の種類も増え始めていましたが、暖かく甘いロバのパンは子供たちに人気がありました。それに小型の馬に四輪車を引かせる奇抜な売りかたが子供たちの夢と重なり、ロバのパンが通り過ぎた後には、一〇円玉がパンに代わっていました。ロバのパンの数年前に、カバの姿をトラックにかぶせた製菓会社の宣伝車が来て、子供たちに大受けしたことがありましたが、ロバのパンはその時以来のヒットでした。

ロバのパンは蒸しパンで、今風に言えばアンマンのような喰いものでしたから、暖かいうちに喰わないと不味《まず》くなるので、ロバのパンの馬車が街角を曲がって見えなくなる頃には、パンは子供たちの腹の中にほぼ収まっていました。

ロバのパンが美味《おい》しかったかどうかは思い出せません。覚えているのは「ジャムパン　ロールパン　できたて　やきたていかがです……」という歌だけです。ロバのパンは昭和三〇年代のアイデア商売のひとつでした。子供たちはロバのパンから夢を買っていたのかも知れません。

二輪や四輪の荷車を引く馬が大通《おおどおり》をノンビリ歩き、道路に糞をボトボト落としても、誰も文句を言わなかった、長閑《のどか》な時代でした。

ロバのパン

●サバの水煮

私の家族が母方の祖父母の家に同居していた頃、父はわれわれ子供三人を虫採りや写生や散歩に、しばしば連れ出していました。そのうちの幾度かは、飯と缶詰《かんづめ》を持って行き、目的地で火を焚いて缶詰を暖めて喰う、食事付きの遠出でした。缶詰はサバ（鯖）の水煮、赤貝の醤油煮、サンマ（秋刀魚）の蒲焼《かばやき》などの安物でしたが、戸外での味わいは格別でした。

缶詰の中でもっとも美味《おい》しかったのがサバの水煮です。サバの水煮はよく煮てあるので、適度に油が乗った魚肉に加えて、骨も出汁《だし》の利《き》いたスープもおかずになります。サバの水煮は、父と楽しい時を過ごした思い出が詰まった喰いものです。

喰いものの話はここまでで、あとは私の父についての話です。父がわれわれを休みの日に戸外へ連れ出していた理由がおよそわかってきたのは、私が高校生になった頃です。

父は入婿《いりむこ》でした。母の父母、すなわちこれまで私が「じいさん」「ばあさん」と記述してきた二人は、八人の子供を作り、六人を育てあげました。その中で男子は一人だけだったので、祖父母は大切に育てて成人させたのですが、この人（私の伯父《おじ》）は太平洋戦争で戦死してしまいました。

伯父は中国や南方を転戦して小スンダ列島のティモール島まで行き、将校に昇進します。しかし、ティモール島でマラリアにかかって、病院船（と聞いています）で日本へ送還される途中、昭和一八年四月に台湾の高雄港に入る直前、敵潜水艦の魚雷攻撃で船は沈没しました。伯父は水泳が得意だったので海岸まで泳ぎ着いたものの、高雄の陸軍病院で二六歳の生涯を閉じました。

この頃は日本と台湾の航路がまだ維持されていたようで、大きな箱に詰めた遺骨が帰ってきました。二五年後、墓を移す時に遺骨を見ましたが、丁寧《ていねい》に焼いてありました。台湾の人々には感謝しています。

親にしてみればトラの子の一人息子《むすこ》を失ったのですから、たいへんな悲しみようだったと聞いています。しかし、悲しんでばかりはおれません。このままでは、自分たちの老後を看《み》てくれ、位牌を守り供養してくれる後継者が途切れるので、末娘に婿《むこ》養子を迎えようということになりました。

そして、町内の情報網にかかった候補者の中で、「田舎《いなか》が近くて素性がわかる」という条件を満たす人として、わが家から六軒離れた家の五男に白羽の矢が立ちました。その家はわが家とは逆で、子供は男子七人に女子一人、しかも軍隊に召集された五人の男子全員が生きて帰ってきました。そこへ六軒離れたわが家から婿養子の話が持ち込まれたのです。

運命とは不可思議なものだと思います。その頃は農地改革が行われる前で、わが家は田舎《いなか》に一町歩（一万㎡）ほどの田を持っていました。食料事情が悪かった当時のことと、その家は渡りに舟で婿入りの話を承知したようです。昭和二二年に養子縁組の届けを役場に出し、翌年には私が生まれて、父は婿養子の役目をみごとに果たしました。

父は婿入りする前から電電公社に勤務していましたが、大阪か福岡あたりへ行って、働きたかったようです。しかし、それもかなわず、わが家の子孫作りに駆《か》り出されたのです。しかも、私が幼稚園の年長組から小学校四年生までは、義理の父母のほかに嫁《い》かずの義姉《あね》まで同居する狭い家に居候《いそうろう》では、息が詰まるのは誰が見ても明らかです。

漫画「サザエさん」でイソノ家に同居しているマスオさんは、姓がフグタなのでまだ救われましょうが、父はまったくの婿養子でした。しかも、隣には嫁《か》した後も様々な理由で親元から離れない義姉たちの家族三世帯が住んでいました。

これでは行動のすべてを誰かに見張られているようなものですから、父は息抜きのためにわが子を連れて戸外へ出ていたのです。すなわち、われわれ子供は父が自分の外出を正当化するための手段だったわけです。歳《とし》をとるにつれて私は父の心境がわかるようになってきました。休日に戸外でわが子と歩いたり食事する時間が、父には至福の時だったのでしょう。

その父の自己主張が、義理の父母の家から歩いて一時間ほどの所に建てた持ち家でした。しかも、義理の父母を看取《みと》って、婿養子としての二つめの役目も果たしてからの移住ですから立派です。

父は電電公社の安月給で子供三人を私立大学に進学させ、私には大学院まで行かせてくれました。そして、五一歳で浄土に赴《おもむ》きました。妹が大学を卒業する二か月前のことです。婿養子としてなすべきことはすべてやった、じつに見事な人生でした。元来丈夫な体ではなかったので、「この世でせねばならないことがある」という煩悩《ぼんのう》の糸が切れたのだろうと思います。

私が大学三年生の時に、父は心筋梗塞《しんきんこうそく》で死にかけましたが、生死の境を彷徨《さまよ》いながら、「おまえらがいるからまだ死ねん」と呟《つぶや》いて、この世に戻ってきました。後で尋《たず》ねたのですが、「そんなこと言ったか？」ととぼけていました。

父が入院している間、私は二週間ほど泊まり込んで父と暮らしましたが、日頃は寡黙《かもく》の人だった父が、この時は自分の来歴《きしかた》について堰《せき》を切ったように、様々なことを私に語りました。その大半が婿養子になる前後の経過と、婿養子の境遇から逃れる方法をあれこれ考えた話でした。

「小糠《こぬか》三合あれば婿養子には行くな」と言いますが、父の話を聴いて私はそれを実感しました。そして、自分は婿養子には行かないし、将来生まれてくるであろう息子たちも婿養子には出さないと、強く思いました。

歴史家から見ると、父は日本の近代史と家制度の犠牲者の典型でしょうが、私をはじめ三人の子供が生をうけ、世間並に暮らしていけるのは、父のおかげです。父には深く感謝しています。そして、役割は酒の肴《さかな》に変りましたが、父への感謝と、浄土にいる父と語り合うために、私は今もサバの水煮の缶詰を好んで喰っています。サバの水煮とは生涯のつきあいになりそうです。

●タイ型の砂糖菓子

正月の初詣《はつもうで》には鹿児島の市街地にある神社に行くのが、わが家の仕来りでした。小学生の頃は海岸近くに鎮座する神社に詣でていました。神社の境内にはサーカスなどの見世物《みせもの》小屋や様々な露店が並び、お年玉を貰って懐《ふところ》が暖かい子供相手に商《あきな》いをしていました。その中で大人たちが楽しんだゲームが「相撲《すもう》」です。

「相撲」といっても格闘技のことではなく、数人の若い衆が大声で寄せ集めた群衆に大相撲の力士の名前が書かれた紙札《ふだ》を一枚五〇円ほどで売り、一定の数が売れると、若い衆の頭《かしら》が、売れた力士の札と同じ札をトランプ式に幾度か繰《く》って、上にある札から順に力士の名前を大声で読み上げて行くゲームです。

はじめに読み上げる数人の力士は前頭で、その後は小結、関脇、大関、横綱の順で、一人ずつ大声で読み上げていきます。その札を持っている人が当りで、景品をもらいます。当選者が景品を受けとると、若い衆が「ノコッタ　ノコッタ」と大声をあげて、次の場に移る雰囲気を盛り上げていました。客は最後の横綱まで期待を膨《ふく》らませ、耳をそばだてて待ちます。そして、横綱力士の名が読み上げられ、その札を持つ人が景品をもらうと、一ゲームが終わる段取りの商売です。

この「相撲」の景品がタイ（鯛）型の砂糖菓子でした。タイ型の砂糖菓子とは、白砂糖に少量の水を浸み込ませてから、タイの型に流し込んで固まらせた砂糖菓子のことです。固めた片面には食紅《しょくべに》がまぶしてあって、タイが跳ねた形をしているので、めでたい正月にふさわしい縁起ものの景品でした。

母が子供の頃のタイは中まで砂糖が詰《つま》っていて、横綱だとかなり重たかったようですが、太平洋戦争後は奈良東大寺の大佛さんと同じように中が空洞になって、五㎝上から落としても粉々に砕け散る、ハリボテのタイになっていました。それでも縁起ものなので、神社に参詣する人々には「相撲」は人気のあるゲームでした。

一ゲームは一五分ほどで終わりますが、その一〇分後には次の札が売り切れて、またゲームが始まるほどの回転の速さでした。おそらく一度に五〇枚ほど札を売って、頭から尾までの長さが五㎝ほどのタイをもらう前頭の当選者から、三〇㎝ほどの大きさのタイを手にする横綱の当選者まで、全部合わせても一〇人ほどなので、かなりの儲《もうけ》になる商売だったと思います。私の親も時々札を買っていましたが、一度も当ったことはありませんでした。

手に入らないとなると喰いたくなるのが子供心です。しかし、なぜかタイ型の砂糖菓子はどの店も売っていませんでし

タイ型の砂糖菓子

た。このゲームを営む人が、製造業者に注文して作らせたのかも知れません。前頭を当てた従兄弟《いとこ》からタイのかけらをもらってかじったことがありますが、砂糖の味しかしません。ただ甘いだけのお菓子でした。

しかし、今回の話題に限って言えば、味はどうでもよいのです。一度でよいからこのゲームで当って、手にしてみたい景品でした。

ちなみに、太平洋戦争で戦死した伯父《おじ》はこの「相撲」でよく当っていたそうで、母は中まで詰まった砂糖菓子を喰わせてもらったと言います。伯父はこの種のゲームによく当る人だったようです。そして、最後には乗っていた船が敵潜水艦の魚雷に当ってしまいました。何事も当らないほうが無難に暮らせると、自分に言い聞かせています。

第三幕……小学校高学年の頃

（昭和三〇年代中頃）

●ゼンザイ

今回は学校給食の話の二回目です。私の家族は、私が小学校五年生になった四月に、鹿児島市内の原良町《はららちょう》に移りました。父にとって、それまでの「マスオさんする（嫁の家に居候《いそうろう》する）」生活から解放されて、マイホームでの生活の始まりでした。移転先はシラス台地の狭間《はざま》の迫田《さこだ》を埋めて作った新興住宅地で、道を挟《はさ》んで六軒が並んでいました。

武《たけ》小学校に通っていた頃は小学校まで歩いて一分で行けたのが、原良小学校は走っても五分以上かかって、忘れ物を取りに帰るのがしんどくなりましたが、幼稚園の年少組まで暮らした伊集院以来、再《ふたた》び家族だけで暮らせるようになったことが子供の身にも嬉しかったです。

さて、武小学校に通っていた頃は覚えがありませんが、原良小学校の給食にはごく希《まれ》にゼンザイが出ました。一年に二～三度でしたが、子供たちがその味を忘れた頃、思いだしたようにゼンザイさんが挨拶《あいさつ》に来ていました。

当時の学校給食はそれぞれの小学校で作っていたので、三時間目の終わり頃には、給食のおばさんが大釜に入れた食材を加熱しながら大きな櫂《かい》型の棒で「ドンブラコ　ドンブラコ」と掻《か》き混ぜる温食《おかず》の匂《にお》いが、学校中に広がってきます。子供たちは「今日はマカロニのケチャップ煮か」などと、授業そっちのけで温食を当てたものです。大体当るのですが、たまに匂いではわからない日がありました。

そのひとつがゼンザイです。給食係が二人がかりで運んでくる温食バケツの蓋《ふた》を開けると、なんとゼンザイさんではありませんか。この日ばかりは温食椀《わん》にいつもより多くゼンザイが入ってくれるように、給食係の一挙一動を見守りました。そして食事が始まると、久しぶりに訪れた友人と語らうように丁寧《ていねい》に匙《さじ》で掬《すく》って、ゆっくり味わいました。甘味に飢えた餓鬼には至福の日で、五時間目に嫌いな算数の授業があることなど忘れてしまうほどの幸せなひとときでした。

それから二〇年が過ぎて、同じ歳《とし》の家内に学校給食のゼンザイの話をすると、家内が「私の小学校ではゼンザイの日には塩昆布《こぶ》も出てたよ」と言い放ったのです。この女《ひと》は三重県や広島県の小学校を転々としていたようなので、どこの小学校のことだったかは聞いていませんが、私よりも贅沢《ぜいたく》な給食を喰っていたことは間違いありません。でも「いいんだ　あの時の至福感は経験した者

給食のゼンザイ

でなければわからない」と、自分に言い聞かせています。ゼンザイは本当に幸せに浸れる喰いものでした。給食のおばさん、ありがとう。

●バナナさん

私が子供の頃と大人になってからとで、扱いがまったく変わってしまった喰いものがいくつかあります。庶民のたんぱく源から今や高価な食材になってしまったクジラ（鯨）肉と、病人の見舞い品から一〇個入りパックが一〇〇円台で買える物価の優等生になった卵は、その例です。

なかでも日本人の持つ価値観が大きく変わった喰いものがバナナでしょう。果物屋の一番奥に鎮座《ちんざ》されていたバナナさんは、昭和三八年頃を境にして、八百屋の最前列の安売り棚に引きずり出されてしまいました。

私が小学生の頃まではバナナは高嶺《たかね》の花で、子供の小遣銭《こづかいせん》ではとうてい買える相手ではありませんでした。親もバナナを買ってやる余裕はないので、バナナと対面できるのは、病気の時の特効薬として買ってもらうか、親がどこかでもらってくるか、友人の家でおやつに出るかで、一年に二〜三回のご対面といったところでした。

友人の父親が農協の偉いさんをしていて、種子島《たねがしま》へ出張に行き、モンキーバナナの房《ふさ》をもらって帰って来たとの情報が入ると、それが喰い頃になる日を見計らって遊びに出かけ、おこぼれを一〜二本いただいたものです。これは長さが一〇㎝に足《た》りない小型のバナナですが、他の果物にはない独特の甘さは格別でした。

そのバナナを喰う手順は決まっていました。皮を慎重にむいてから、中身を喰う前に、まず皮の内側に付いている筋をはぎ取って喰います。これはまったく美味《おい》しくありませんでしたが、バナナを喰う儀式の式次第のひとつなのです。私にとって、バナナは「バナナ」ではなくて、「バナナさん」と敬称で呼ぶべき超高級な果物でした。

昭和三〇年代にNHKのテレビで「チロリン村とクルミの木」という子供向け指人形劇の番組をやっていました。村人が様々な動植物の姿で日々の質素《しっそ》な暮しぶりを演ずる劇でしたが、その中にクルミ一家がいて、この家だけは贅沢《ぜいたく》な暮しをしていました。このクルミ一家に、「バナナっ子」という名のバナナの子供が同居していました。この「バナナっ子」は町の金持ちの息子《むすこ》で、スポーツ車を乗り回していました。チロリン村の「バナナっ子」は、当時のバナナの地位を端的に表していたのです。

私が高校生になった頃、このバナナが八百屋の安売り棚に引きずり出されて、ひとやま一〇〇円で買えるようになりました。そして、腹が減ったらバナナを喰えという世の中に様変りしました。子供の頃、あれほどあこがれたバナナでしたが、「安くなったからいくらでも喰え」と言われても、そんなに喰えるものではありません。幾度かは満足するまで喰いましたが、それ以後バナナを腹いっぱい喰いたいと思ったことはありません。食料事情が安定して、甘さを抑《おさ》えたお菓子のほうが高級品だと思われ始めた時期に低価格になったことも、バナナには災《わざわ》いしました。

以来、バナナは八百屋の安売り棚に山と積まれる大衆果物の地位に甘んじています。もし今「チロリン村とクルミの木」があれば、バナナは出稼ぎ外国人の子供として登場してくるのかなと思う時があります。

大正一三年生まれの父が、バナナについて次のような話をしたことがあります。父が子供の頃、バナナは台湾から移入されていたので、適度に安かったようです。その頃、父は列車の通路でバナナの皮を踏んで滑ったらしいのです。私はそれを聴いて「一度でいいからバナナの皮を踏んで滑ってみたい」と、本気で思いました。バナナの皮の内側に付いている筋まで喰っていた子供には、バナナの皮を踏んで滑ることが贅沢でした。

父と同世代の人は、太平洋戦争前の安いバナナ、外貨がほとんどなかったために高い関税をかけられて庶民には縁がなかった終戦後の高いバナナ、そして昭和三八年の輸入自由化以降の安いバナナと、三つの時代を生きたことになります。

日本経済の浮き沈みとともにバナナも浮き沈みを経験してきました。ない時はあこがれの対象だったのに、いくらでも喰えるようになってからは手も出さない、人間の身勝手さをバナナはよく知っています。バナナさんお疲れさんです。

●カレーライス

子供の頃の私にとって、カレーライスは文明開化の味がする喰いものでした。学校給食では一度も出たことがなかったし、カレーライスを喰ったことがないという級友もいました。カレーライスは箸《はし》ではなく匙《さじ》を使い、申しわけ程度ではあっても肉が入っていて、見慣れない調味料を使う、異国から来たご馳走《ちそう》でした。「昭和三〇年代にもなって　ほんまかいな」と思われる方もおられるでしょうが、これが当時の鹿児島の庶民からみたカレーライスの位置付けです。

小学校五年生の時に、カレーライスの喰い方について級友のひとりと議論したことがあります。その子は「カレーライスはカレーとご飯を混ぜて食べてはならないと親からしつけられている」と言い、私は「うちではカレーライスはカレーとご飯を混ぜて食べる」と反論しました。いずれが正当な喰い方なのか。カレーライスを喰ったことがない級友たちに優越感を覚えつつ、話の中身が聞こえるように大声で議論した記憶があります。どう喰おうと喰う人の勝手なので、今思えばアホな議論をしたものです。

わが家ではカレーライスには豚《ぶた》肉を入れていました。私は、大学に入るまで、カレーライスに入れる肉は豚肉だと思い込んでいました。ジャガイモをふんだんに使い、豚肉の脂《あぶら》がとけこんだドロドロのカタクリ粉カレーが、わが家のカレーライスでした。なにしろ文明開化の味ですし、美味《おい》しかったので、大きな皿で二度も三度もおかわりして喰いました。

ところが、大学の生協食堂で最初に出会ったカレーライスはパサパサのドライカレーで、その後に喰ったカレーライスのほとんどは牛肉《ぎゅう》が入っているビーフカレーでした。カレーライスにもいろいろあることを成人式前の歳《とし》になって知り、世の中広いと思いました。

私の父はカレーライスを好みませんでした。カレーライスの日は、子供たちが美味しそうに喰うのを横目に、自分だけは別のおかずで飯を喰っていました。飯とおかずをひとつの容器に入れて喰うことに抵抗があったようです。父は大正生まれの、筋を通す人でした。海軍兵学校に入学して間もない生徒がカレーライスを見て、「こんな犬の飯が喰えるか」とわめいたという話を聴いたことがあります。父もそれに近い気持ちだったのでしょう。

ちなみに、私はハンバーグが嫌いです。あんな喉《のど》に詰まるおかずはできることなら喰いたくありません。ハンバーグを美味しそうに喰う子供たちの味に対する感覚が、私にはわかりません。父が半世紀前にカレーライスで感じたことを、今私が感じています。食習慣は頑固なものであり、かつ世代とともに変わっていくものでもあります。

●チキンライス

チキンライスをはじめて喰ったのは、小学校五年生の五月でした。チキンライスとは、炒めた鶏肉《とり》とトマトケチャップを飯に混ぜ込んだ西洋風炊き込み飯ですが、これが当時の私には文明開化の味に思えました。

同じクラスに小学校の先生の息子《むすこ》がいました。この子は家が近いこともあって、原良《はらら》小学校に転校したばかりの私とよく遊んでくれました。それまで私は自転車に乗れなかったのですが、この子が乗って来る自転車で練習して、乗れるようになりました。子供用の自転車なので、転びそうになったら足をつけば、転ばずに済んだからです。

新学期には学級担任の先生による家庭訪問がありました。授業は午前中で終わり、午後は先生が子供の家庭を一日一〇軒ほど訪れて、親と懇談して回ります。私の担任の先生は先に述べた級友の親の友人で、家庭訪問の最後に級友の家を訪れて、一緒に食事したらしいのです。

その時に出された料理がチキンライスだったということを、次の日に私は級友から聞きました。「チキンライスとは一体どんな喰いものだ」と思い、一度喰ってみたいとも思いました。そこで、母にチキンライスを喰いたいとせがんだのです。

「そんなもん知らん」と断わられるだろうと思っていたら、母は「わかった」とあっさり引き受けたのです。そして数日後、チキンライスが食卓に上りました。母は級友の母親に作り方を聞きに行ったのか、以前から知っていたものの、作らなかったのかはわかりませんが、級友が言っていたものと同じ姿の西洋風炊き込み飯さんと、はじめてお会いすることができました。喰ってみると美味《おい》しかったのでおかわりすると、「もうない」という返事とともに、普通の飯が皿に乗って戻ってきました。量は不満でしたが、試食程度でも喰うことができたので、その日は満足しました。

その後、チキンライスは幾度かわが家の食卓に上りましたが、いつの間にか消えていきました。中学校に入ってからは、チキンライスを喰った記憶がありません。執着するほど美味しい料理ではないと思って、その後は母にせがまなかったからでしょう。わが家で長く好評を続けたカレーライスとは異なり、チキンライスの命は短いものでした。

不思議だったのは、カレーライスを嫌った父が、チキンライスは喰っていたことです。父は炊き込み飯の一種だと思っていたのでしょうが、人の好みは面白《おもしろ》いものです。

●タマネギのアンカケ

私は小学校五年生になる新学期に武《たけ》小学校から原良《はらら》小学校に転校しました。父が婿《むこ》養子のしがらみを断つために、小さな持ち家を建てたからです。言うまでもなく家計は住宅ローン返済のために火の車となり、質素《しっそ》な食事の日が続きました。

魚屋で一匹数十円のサバ（鯖）を家族五人分に切り分けてもらい、味噌汁の具にしたり、焼いて喰いました。また、一袋一〇円の納豆《なっとう》は優等生のおかずでした。醤油は安売りする醤油屋に歩いて片道三〇分ほどかけて買いに行きました。そんな工夫をしても、いかほども節約できたとは思えませんが、一〇年あまりでローンを完済できたから立派です。

そんな食生活の中で母が考え出し、私が好んだ朝飯のおかずが、タマネギのアンカケです。炒めたタマネギにカタクリ粉を水で溶いたものを混ぜ、少し醤油をかけるとできあがりの簡単おかずです。大人になって知った、恨みのアンカケ調理法ではありますが、タマネギは腹の足《た》しになるし、少し甘みがあって美味《おい》しいので、これをおかずにして毎朝二杯の飯を喰いました。

今思えば栄養学的にも優れものですが、当時は腹を満たすおかずとしてひたすら喰いました。私が人並《ひとなみ》の体格を持つ大人になれたことの一定部分は、タマネギのアンカケが担《にな》っています。タマネギのアンカケと、それを作ってくれた母には感謝しています。

●カッパンダゴ

カッパンダゴとは、母がたまに作ってくれたおやつの名です。カッパの意味はわかりませんが、カッパンの「ン」は鹿児島弁で「〜の」、ダゴは「ダンゴ」なので、標準語では「カッパのダンゴ」となります。

小麦粉を水で溶いてかき混ぜ、少量の砂糖を加えて、薄く油を敷いたフライパンで焼けば、少し焦《こ》げ目がついたホットケーキ風のお菓子ができあがります。したがって、ダンゴの仲間ではありません。焼きあがったら、包丁で人数分に切り分けて喰います。なにしろ住宅ローンを背負っていた時期だったので、小遣銭《こづかいせん》はほとんど期待できません。それでは可愛《かわい》そうだと思ったのか、母が作ってくれたおやつのひとつがカッパンダゴでした。

味は不発酵パンのように歯ごたえがあり、腹持ちのよいのが長所です。二きれほど喰えば、腹は夕食まで我慢してくれたので、間食の中では優れもののひとつでした。

ついでに、その頃喰ったお菓子の中で、今でも覚えている二品について話します。

ひとつは「ゲタンハ」、標準語では「下駄《げた》の歯」で、小麦粉と黒砂糖を使ったこげ茶色の硬焼きパンです。練った生地《きじ》をのばして焼きあげてから短冊状に切るので、下駄の歯のように見えます。これは黒砂糖の糖蜜が効《き》いて、強烈に甘いお菓子でした。子供でも小遣銭で買える手頃な値段で、一〇円出せば二〜三個は買えたと思います。

もうひとつは「ヤブレマンジュ」、標準語では「破《やぶ》れ饅頭《まんじゅう》」です。これは蒸しパンの中に黒砂糖入りの小豆餡《あずきあん》が入った生菓子で、外側はこげ茶色をしていました。ヤブレマンジュとは父が一年に二〜三度買ってきて、お目にかかれる程度でした。父は甘いものはほとんど喰いませんでしたが、このヤブレマンジュだけは「子供の頃からの好物だ」といって、自分でも喰い、家族にも喰わせてくれました。なにしろ黒砂糖入りの餡が入っているので、かなり甘いのですが、甘いものすなわちご馳走だった子供の頃は、父が買って来るたびに歓声をあげて喰いました。私はこんなお菓子たちとつきあいつつ、小学校高学年を過ごしました。

●シンコダンゴ

シンコダンゴとは、ウルチ米の粉で作ったダンゴ五個ほどを串に連ねてさし、焼いてから甘いタレにくぐらせた、「みたらしダンゴ」です。鹿児島ではダンゴのことを「ダゴ」と呼びますので、シンコダンゴは鹿児島では近年になって喰いはじめたお菓子だろうと思います。

シンコダンゴは父が買ってきていました。酒宴があって最終のバスで帰ってくる時は、大体シンコダンゴの包《つつ》みを抱えてきました。酒を飲んで上機嫌の父は、ダンゴが入った包みを自《みずか》ら開き、われわれに喰うようすすめます。自分だけが美味《おい》しいものを喰うのは気がひけるので、父なりの気遣いだったようです。

鹿児島の市街地でもっとも賑《にぎ》やかな場所が天文館《てんもんかん》です。近世に天文観測施設があったことに由来する地名ですが、明治以降は中心商店街や飲食店が軒を並べる盛り場に変身しました。この天文館のバス停あたりに、シンコダンゴを売る屋台が夕方から店を開いて、父のような一杯機嫌の客相手に、美味しそうな匂《にお》いがする焼きたてを売っていました。

このシンコダンゴがわが家に到着するのは午後一〇時前で、夕食後三時間ほど過ぎていますから、こちらも適度に腹が減ってきています。いつもは腹が減る前に寝ていましたが、「今日父ちゃんはのんかた（今日父さんは酒宴）」と母が宣《のたま》う日は、寝ずに父の帰りを待ちました。時には期待がはずれることもありましたが、父は四分の三ほどの確率で、シンコダンゴを買って戻りました。

シンコダンゴを口に入れて、一部が焦《こ》げた苦《にが》さと、タレの甘さが絶妙に調和する味わいを楽しみました。しか

シンコダンゴ

も、素材が米の粉なので、一串喰えば腹の足《た》しになります。前回のヤブレマンジュとともに、シンコダンゴは父を思い出すお菓子です。

●田舎《いなか》のボタモチ

母方の田舎は薩摩半島の中央に位置する日置《ひおき》郡（今は南さつま市）金峰町《きんぽうちょう》中津野《なかつの》という村です。毎年旧盆前後には田舎に墓参りに行きました。西鹿児島駅（今は鹿児島中央駅）から国鉄の列車で伊集院まで行き、伊集院から私鉄の南薩線のガソリンカーに乗換えて、阿多《あた》という駅で降ります。阿多駅まで片道約一時間半の旅でした。

南薩線は昭和三〇年代になると乗客が減りはじめたからか、レールも枕木も交換しないので、ガソリンカーは時速三〇㎞ほどの速度でも、左右に激しく揺れて走りました。脱線しないかと心配しながら乗っていましたが、あれは線路の癖《くせ》を知り尽くした運転手さんの名人芸だったのだろうと、今は思っています。

このガソリンカーを無事に降りると、新たな試練が待っています。阿多駅から親戚の家まで歩く道程《みちのり》が遠いのです。シラス台地の上にある阿多駅を出てしばらく行くと、台地の崖を下る急な坂にさしかかります。その坂を駆《か》け下って谷を横切ってから、次の台地の急な坂道を登り、僅かにうねっている畑道をしばし歩いて、やっと親戚の家に到着します。歩くこと約一時間、子供の感覚でははるかに遠い道程です。

行きがあれば、かならず帰りがあります。この帰り道がまた遠いのです。父方の親戚に立ち寄ってから、阿多駅よりもひとつ伊集院寄りにある南田布施《みなみたぶせ》駅から南薩線に乗るのですが、途中に幅の広い谷があって、目指す屋敷は見えているのに、なかなかたどりつけません。田舎の田圃《たんぼ》道の遠さは、経験者でないとわからないと思います。

手ぶらで田舎に帰ることはできません。親戚に持っていく土産《みやげ》は、白砂糖かザラメと呼んでいた赤砂糖でした。本家には二斤《きん》（一・二kg）、他の親戚には一斤が相場で、武町《たけまち》に住んでいた頃は、三軒隣の萬屋《よろずや》で砂糖を買いました。田舎では何軒かを回って挨拶《あいさつ》しますから、その数だけ砂糖の袋が必要です。合わせると五kgほどの重さになる砂糖のうち、私は二袋を持たされます。砂糖の袋が入った風呂敷《ふろしき》を両手で抱えて、田舎道を一時間歩く子供には、遠さが身にしみました。

そして、帰りも身軽にはなれません。われわれが立ち寄ったそれぞれの親戚が土産に米をくれるので、行きを上回る重さの荷物を再び抱えて、駅まで一時間あまりを歩くことになります。子供には難行苦行の帰省ツアーでした。

さて、喰いものの話はこれから始まります。旧盆に田舎へ行くと、昼食に出るのが、赤ちゃんの頭ほどの握り飯に小豆餡《あずきあん》を塗りかためたボタモチと、野菜の煮物でした。このボタモチがやたらと甘いのです。田舎のおばさんは「砂糖がどっさり入って美味《おい》しいだろう」を鹿児島弁で宣《のたま》います。太平洋戦争中と終戦直後の食料難時代の「甘い＝美味しい」の等式が田舎では立派に生き残っていました。もっとも、こちらも砂糖を土産に持って来て、甘さの片棒を担《かつ》いでいるので、文句は言えません。「美味しい　美味しい」といって喰うことになります。すると「おかわりはどうだ」と言われて、拒《こば》むことができず、ありがたくいただくことになります。

しかし、これで事は済みません。昼飯時に行くと、どの家でもほぼ同じ大きさと味のボタモチを出してくれます。これは好意ですから、いただかないわけにいきません。行き帰りの運搬地獄だけでなく、訪れた先でのボタモチ地獄もくぐり抜けねばなりません。

旧盆の田舎への帰省は、まさに六道輪廻《りんね》があることを凡夫《ぼんぷ》に知らしめる苦行でした。甘さを探し求めてさまよう餓鬼も、この時ばか

田舎のボタモチ

りは「もういい」と思いました。満腹を超える甘さを経験したという話です。

●田舎のラッキョ

小学生の頃は旧盆前後に母のお供で、行きは砂糖、帰りは米の運び人として、ほぼ毎年田舎へ日帰り苦行ツアーに参加しました。本家のほかに数軒を挨拶《あいさつ》して回るのですが、ボタモチが出ない家では、お茶とお茶うけが出ました。

お茶うけの多くは酢漬けのラッキョでしたが、その大きさが尋常ではありません。イチジク浣腸《かんちょう》をやや小さくしたような大型のラッキョが、大きなドンブリで山盛りになって出てくるのです。ラッキョは年を経るほど小さくなり、ちびた鉛筆ほどに縮まったラッキョに、もっとも高値がつくと聞きます。もしそうだとすれば、田舎で出されたラッキョは植えて一年のものでしょう。大きくて大味でした。

私はラッキョが嫌いなので、一日に幾度も薦《すす》められるラッキョには閉口しました。相手がドンブリから箸《はし》で取ってくれるので、しかたなく掌《てのひら》を出して受け取り、目をつぶって口に入れます。しかし、そのままでは大きくて呑込《のみこ》めないので、歯でかじることになります。

するとラッキョの中から酢が浸み出てきて、酢の味が口一杯に広がります。それを呑込むまでが難行でした。

母はとりとめもない世間話をしながら、ラッキョをかじっていましたが、あとで「よくあれだけ喰えるものだ」と私が言うと、「私だって好きで喰ってるわけじゃない　つきあいのひとつだよ」を鹿児島弁で答えていました。

私のラッキョ嫌いは続きましたが、カレーライスを喰う合間に、ちびた鉛筆のような小さなラッキョをかじると結構美味《おい》しいことが、最近わかってきました。しかし、これもちびた鉛筆の大きさだから喰えるので、子供の頃に田舎でいただいた、イチジク浣腸をやや小さくしたような大型のラッキョは、今でも喰いたいとは思いません。

●ウナギ

私はウナギ（鰻）は嫌いです。ウナギを好む人が多いようですが、あの半ば油で固めたような歯ざわりは好きになれません。家内と子供たちはウナギが好物のようで、蒲焼《かばやき》が食卓に顔を出すこともありますが、私は別のおかずで飯を喰います。ウナギ料理で有名な店の暖簾《のれん》を幾度かくぐったことはありますが、また行って喰いたいと思うほど美味《おい》しくありませんでした。

私がウナギを好まないのは、子供の頃に喰ったことがなくて、味に対する感覚が固まってしまった大人になってから、口に入れ始めたからだろうと思います。子供の頃、ウナギは高価で、とても庶民の口には入らなかったからです。田舎の子ならば、近くの川で捕《と》ったウナギを喰う機会もあったでしょうが、私は物心《ものごころ》ついた頃には町の子で、ウナギは買って喰う魚でした。

鹿児島の市街地でもっとも賑《にぎ》やかな天文館《てんもんかん》の一角に、ウナギ料理の専門店がありました。その店の前にはタイル張りの水槽が置いてあって、百匹ほどのウナギがいつも漬《つか》っていました。また、店の調理場は外から見えるようになっていて、ウナギを開いたり、炭火で焼いたり、タレにくぐらせる作業が子供の目の高さからも見えました。

子供の食欲をそそったのが、たまらなく美味しそうな蒲焼の匂《にお》いです。その店の前を通るたびにウナギを喰いたいと思い、親にはおそらく何十回も懇願したはずですが、子供の頃には一度もこの店の暖簾をくぐることはありませんでした。

その店に入ったことがなかったので、当時の値段はわかりませんが、三桁の値段だろうと思います。親も毎度子供の願いを断わっては悪いと思ったのか、この店から歩いて五分ほどの距離にあるソバ屋に子供たちを連れて行き、三〇〜四〇円のカケソバを喰わしてくれました。住宅ローンの返済中だった親にしてみれば、一杯のカケソバさえ大きな負担だったろうと思います。今になって両親の気遣《きづか》いに感謝です。

そんな事情で、子供の頃にウナギの美味しさを経験しないまま成人した私には、ウナギは喰わず嫌いの喰いものになってしまいました。

三〇歳を過ぎてから天文館でウナギを喰ったことがあります。鰻丼《うなどん》だったと思いますが、タレが辛くて美味しくありませんでした。以前話した花パンと同じで、願望はそのままにしておいたほうがよかったと後悔しました。

ちなみに、間違いなく天然のウナギを美味しいと思って喰ったことが一度だけあります。小学校五年生から住んだ原良町《はららちょう》の家の横に幅一mほどの小川があって、その頃はウナギが上って来ていました。夏の早朝に新聞配達のおにいさんがこの川でウロウロしているウナギを見つけて手掴《てづか》みで捕り、わが家にプレゼントしてくれました。そのウナギを近所のおじさんが開いてくれて、蒲焼にして喰ったのですが、これは美味《びみ》でした。

当時はこの川で電気を流してウナギを捕る人がいましたし、夏にはホタルが舞う、生きた川でしたが、数年後にはコンクリートで三面を固められ、今はコンクリートの蓋《ふた》までされて、下水溝になっています。ウナギ上りし小川はもうありません。

●即席ラーメン

即席ラーメンと呼ぶと、歳《とし》がわかるそうです。いつの間にか即席ラーメンをインスタントラーメンと呼ぶようになりました。息子《むすこ》に「即席ラーメンを作ってくれ」というと、「あ！　インスタントラーメンね」と返してきます。住みにくい世の中になったものです。

鹿児島で即席ラーメンが出回りはじめたのは、私が小学校五年生になってからです。その頃からカタカナで書く喰いものが出回りはじめました。私にとって、即席ラーメンも文明開化の味がしました。

はじめて喰った即席ラーメンの袋は三〇cmほどの縦長で、長さ二五cmほどの棒状の乾麺《かんめん》と、スープにするペースト状のタレが入っていました。水を入れた鍋を石油コンロにかけて、沸騰《ふっとう》したら麺を入れて柔らかくなるまでゆでます。ゆであがったらタレを入れて、さらに一～二分煮ると即席ラーメンのできあがりです。ネギがあれば刻《きざ》んでふりかけ、魚肉ソーセージを輪切りにして乗せれば、豪華な喰いものになります。

わが家では昭和四〇年頃まで煮炊きに石油コンロを使っていました。二リットルほど入るタンクに灯油を入れ、ポンプを十回あまり押して空気を圧縮させてから、マッチを擦《す》って点火すると、青白い炎を出して燃えるコンロです。昭和三三年まではじいさんがタケ細工をする時に残るタケの内側半分か木炭か練炭を燃料に使っていましたので、石油コンロへの転換は、わが家の燃料革命の時でした。

この文明の利器で即席ラーメンを作ったのです。即席ラーメンは何種類かありましたが、福岡県のメーカーの製品がもっとも美味《おい》しかったように思います。今も即席ラーメン、いやインスタントラーメンを喰うことがありますが、子供の頃に喰った即席ラーメンのほうがはるかに美味しいと思います。即席ラーメンは私の思春期の味です。

●クリスマスケーキ

クリスマスケーキをはじめて喰ったのは、小学校三年生の時でした。わが一族が武町《たけまち》に住んでいた頃、従姉《いとこ》が高校家庭科の調理実習でクリスマスケーキを作り、一族に小分けして喰わせてくれました。私もその分け前に与《あずか》ったのです。はじめて喰ったスポンジケーキとその上に鎮座《ちんざ》するクリームの美味《おい》しさは、この世のものではありませんでした。

それ以来、クリスマスが近づくと、親にケーキを買ってくれとせがんだものです。親のほうも根負けして買ってくれましたが、私と弟と妹の餓鬼三人の胃袋を満たすほどの大きさではなかったので、クリスマスケーキを腹いっぱい喰ってみたいというのが、小学校高学年頃の私の夢でした。

それが夢ではなくなったのが、小学校六年生のクリスマスの日でした。日頃親しくしていた友人が「クリスマスケーキをやるから　家に取りに来い」と言います。半信半疑で友人の家に行くと、クリスマスケーキの箱が一〇個ほど積んであって、そのうちのひとつを私にくれたのです。蓋《ふた》を開けると、当時の値段で五〇〇〇円は下らないと思われる、直径二〇cmほどのクリスマスケーキが入っていました。

こうして無料《ただ》で手に入ったケーキを抱えて家に帰ると、父もほぼ同じ大きさのケーキを買って来ていました。なにしろ生物《なまもの》なので、その晩はクリスマスケーキを鱈腹《たらふく》喰いました。じつに幸せな晩でした。

クリスマスケーキの話はここまでで、ここからは私にケーキをくれた友人についての後日談です。この友人とは大学時代までつき合いましたが、中学生の時に腎臓炎《じんぞうえん》を煩《わずら》ったり、二浪してやっと入った大学を女が災いして中退したりで、私から見ると不遇の友でした。その後、音信が途絶えていましたが、ある時電話をかけてきて、一〇万円貸してくれと言います。家内は「この金は帰ってこない」と申しましたが、友人の頼みなので貸しました。

それからしばらくして鹿児島へ帰省した時に、この友人を呼び出して借金の理由を聞きました。友人の姉婿《むこ》が事業に失敗して、消費者金融から借りた金を返せなくなり、蒸発したのだが、友人が保証人になっていたので、職場まで借金の取り立てが来るらしく、急場しのぎに私から金を借りたとの話でした。

その時は「ああそうか」で別れましたが、それ以来、この友人の消息は途絶えたままです。他の友人の話によると、鹿児島にいることができず、他所《よそ》に行ったらしいというところまではわかりましたが、その後は音信不通らしいのです。

今思えば、小学校六年生のクリスマスの日にもらったケーキの値段は一〇万円でした。腹は立ちませんが、もう少し誠意があってもよいとは思います。貸した金はあの友人との手切れ金のようなものでした。体は大きかったのに、子供の頃から影のうすい友でした。

●ボンタン飴《あめ》と兵六餅《ひょうろくもち》

子供の頃、たまに喰ったのがボンタン飴と兵六餅です。いずれも鹿児島市内の製菓会社の製品です。

ボンタン飴はザボンの果汁と水飴とモチ米を練って作った餅状のお菓子で、キャラメルと同じ大きさに切ったものがオブラートでくるまれて、キャラメルと同じ大きさの箱に入っていました。鹿児島ではザボンをボンタンと呼ぶので、ボンタン飴です。ボンタン飴の箱にはボンタンの実と葉が描いてありました。昭和三〇年代は、八個入りが一〇円、一六個入りが二〇円だったと思います。ボンタン飴は適度に甘いのですが、噛《か》むと歯にくっつくのが短所です。

私はボンタン飴を買った覚えがありません。それではなぜボンタン飴を喰えたか。ひとつは商店街の年末大売出しで引く籤《くじ》のはずれ景品がボンタン飴だったこと、もうひとつは大人からボンタン飴をもらったからです。ボンタン飴は大人の喰いものではないので、パチンコ屋で景品と替える時に、残った端数の玉で替えたボンタン飴が、子供たちに配分されたのでしょう。

兵六餅は黒砂糖と水飴とモチ米を練って作った餅状のお菓子で、キャラメルの倍の長さに切ったものがオブラートでくるまれて、二〇円キャラメルの倍の大きさと長さの箱に入っていました。

兵六は『大石兵六夢物語』という昔話に出てくる、近世薩摩藩特有の集団教育制度の下で育った、冒険好きな若侍《わかざむらい》で、鹿児島城下の北に位置する吉野台地に狐《きつね》が出るというので退治に出かけましたが、逆に狐に翻弄《もてあそば》れて、坊主頭にされて帰ってくる、間抜けな若者です。兵六餅が入った箱には、兵六が長い刀を腰に差して、勇んで狐退治に出かける姿が描かれていました。

兵六餅も子供の頃に買った覚えがないので、当時の値段はわかりません。兵六餅は黒砂糖が入っていて、ボンタン飴よりも甘いのですが、ボンタン飴と同じように、噛むと歯にくっつくので、子供には人気がないお菓子でした。

しかし、兵六餅もたまに喰った記憶があるので、これもパチンコの景品の下賜品《かしひん》だったのかも知れません。兵六餅も鹿児島の銘産で、ボンタン飴とともに今でも土産物《みやげもの》として売っています。鹿児島出身者には、いずれも故郷《ふるさと》の味がするお菓子です。

●アズッガンとイコモチ

アズッガンとイコモチは、端午《たんご》の節句（子供の日）に喰うお菓子でした。わが家は質素《しっそ》な暮らしをしていましたが、両親は端午の節句にはアズッガンとイコモチを喰わせてくれました。

アズッガンは小豆《あずき》の漉餡《こしあん》を固めた羊羹《ようかん》で、標準語では小豆羹《あずきがん》です。鹿児島では小豆を「アズッ」と発音します。小豆の漉餡と白大角豆《ささげ》の餡を交互に波状に重ねて、木目状の模様を模《かたど》った、キモッガンと呼ぶお菓子もあります。キモッガンの「キモッ」も標準語では「木目《きもく》」です。アズッガンとキモッガンは砂糖が効《き》いて甘いお菓子ですが、味が濃すぎて、私は好きではありません。

イコモチのイコは煎粉《いりこ》だと思います。煎ったモチ米粉にもう一種類の食材を加えて、練りながら砂糖を加えた餅状のお菓子で、アズッガンよりも粘りけがありました。イコモチは私の好物で、今でも目の前にあれば喰いたいお菓子です。

その他、端午の節句の頃に喰ったお菓子に、アクマキとカカランダゴがあります。アクマキは洗ったモチ米を長さ二〇㎝、幅一〇㎝ほどの大きさでタケノコの皮に包んでから、木灰汁《あく》で煮て作ります。今はタケノコの皮を開《あ》けて、紐《ひも》でいくつかに輪切りにしてから、黄粉《きなこ》と砂糖を混ぜたものをまぶして喰いますが、元来は武士の戦時携帯食だったと聞いています。モチ米を素材に使うアクマキは腹持ちがよく、鶏《とり》か豚《ぶた》の肉を入れた味噌汁が加われば、栄養満点のスタミナ食になります。

カカランダゴは直径五cm、厚さ一cmほどの大きさに平たくこねて作る草餅を、「カカランハ」すなわちサルトリイバラの葉に挟《はさ》んだお菓子で、「ン」は「の」、「ダゴ」はダンゴです。

鹿児島は広い平野がなく、米が多く穫れないので、庶民は質素《しっそ》な生活をしてきましたが、お菓子の中には趣《おもむき》のある逸品がいくつかあります。ヤマイモをふんだんに使う軽羹《かるかん》がその代表例ですし、ここで話したお菓子たちもそれぞれ趣があります。日頃は質素な生活をしているので、節句には米の粉を素材に使うお菓子を喰ったのでしょう。子供の頃の私も、その習慣のおこぼれに与《あずか》りました。

しかし、今の子供たちはこれらのお菓子を好まないようです。私から見ると、毎日が節句のような食事をしているからでしょう。たまに喰うから「ハレの日」のご馳走《ちそう》の美味《おい》しさがわかるのであって、毎日が「ハレの日」のような食生活には感動は生まれません。質素な生活の時代に子供時代を過ごせたことに感謝しています。

かき氷

原良町《はららちょう》のわが家はシラス台地を川が削った谷間《たにあい》にあります。鹿児島ではシラス台地を「原《はい》」とか「岡」と呼びます。昭和三〇年代までは平らな岡の上はほとんどが畑で、夏はサツマイモ、冬はムギの二毛作がおこなわれていました。他方、岡に登る斜面は傾きが大きくて畑にするのが難しいので樹林地になっていて、夏にはそこにさまざまな種類の虫が棲《す》んでいました。

私は夏は家の裏にある岡に虫採りに通《かよ》いました。三日に一度ほどの頻度で行っていたので、「通う」という表現になります。これぐらい通うと、どの木にどんな虫がいるかもわかるようになるし、栗の実の熟《う》れ具合もわかります。ただし、当時の餓鬼どもは栗の木がどこにあるかを知っていたので、熟れてから拾いに行くと、イガしか残っていません。したがって、実がまだ茶色になりきらないうちから、争奪戦を繰り広げていました。

さて、虫採りの帰り道に駄菓子屋があって、夏はかき氷もやっていました。虫採りの帰り道に駄菓子屋があったのか、私が駄菓子屋がある道を選んでいたのか、「氷」と描かれた四角い旗を見ると、足が店のほうを向いてしまいます。懐《ふところ》が暖かい時は二〇円、寂しい時は一〇円出して、手動回転式の氷掻き器で掻いた氷に、好みのシロップをかけてもらい、匙《さじ》で掬《すく》って喰いました。イチゴのシロップは舌が真っ赤に染まる代物《しろもの》でしたが、乾いた喉《のど》の回復には、かき氷はまさに妙薬でした。

こうして夏の間はほぼ三日ごとに一〇～二〇円が消えていきました。そんな金をなぜ持っていたのかは覚えていませんが、氷菓子を喰うのを我慢した記憶はありません。小学校三年生の頃までは、鉄道線路の土手に転がっている鉄や銅製品を屑屋に売って、小銭《こぜに》を稼いだ記憶はありますが、それ以後は小遣銭《こづかいせん》をもらっていたのでしょう。そして、そのほとんどが母親の懐からだったのでしょう。住宅ローンの返済地獄の中で、小遣銭をくれた（と思われる）母に感謝です。

かき氷の旗

第四幕……中学生から高校生の頃（昭和三〇年代後半）

●魚肉ソーセージ

　鹿児島でも昭和三五（一九六〇）年頃から魚肉ソーセージが出回り始めました。小学生の頃は魚肉ソーセージを喰った覚えがありませんが、中学校は給食がなくて弁当持ちだったので、二日に一度は喰うようになりました。

　母にとって魚肉ソーセージの魅力は、値段が手頃なことです。長さ二〇㎝、直径三㎝ほどの魚肉ソーセージが二〇～三〇円だったと思います。日本の漁船団が遠洋で魚を獲《と》り始めて、魚肉が大量に入荷したからでしょうが、魚肉ソーセージは安価なおかずでした。それに、調理の手間がいらず、輪切りにして弁当箱の隅へ並べるだけでよかったし、もの珍《めずら》しさもあって、昼の弁当のおかずに毎日持たせても、子供からは文句がでません。母にとっては、一石三鳥のおかずでした。

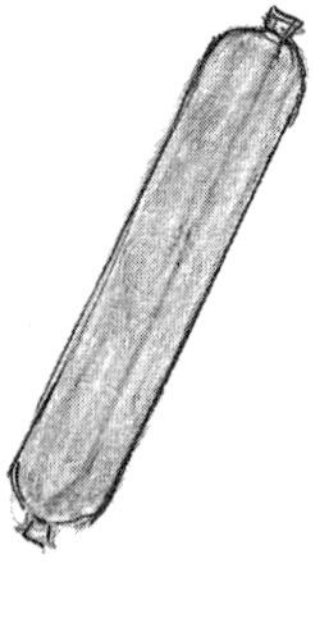

魚肉ソーセージ

　魚肉ソーセージは魚肉の摺身《すりみ》に調味料を加え、着色剤でハムに近い色をつけて、赤色のビニールで包装してありました。魚肉ソーセージは、当時の子供たちには、もの珍しさで魅力のあるおかずでしたので、弁当のおかずに魚肉ソーセージが入っているると、なんとなく西洋料理風で文明人になったような気がしました。

太平洋戦争後のベビーブームのまっただなかに生まれた私が通《かよ》った中学校には、一学級に五〇人前後の生徒がいましたが、その中の五分の四ほどの弁当に魚肉ソーセージが入っていました。魚肉ソーセージが入っていないおかずは、時代遅れのように思われた時代でした。お互い相手のおかずを見やって、自分と同じ魚肉ソーセージだと安心し、仲間のように思ったものです。中学生の私にとって、魚肉ソーセージは文明開化の足音が聞こえる喰いものでした。

●ジェットパンとシンコム三号

中学校と高校は学校給食がなく、弁当持ちで通《かよ》いました。中学校はわが家から歩いて二〇分あまり、高校は自転車で一〇分ほどかかる場所にありました。いずれも校舎内の売店でパンを売っていて、高校には体育館の一隅にパンを喰うためのテーブルと椅子を並べた休憩室《きゅうけいしつ》があり、二時間目の休み時間に早々と弁当を喰い終わった猛者《もさ》たちが昼前後の休み時間に押しかけて、二つも三つもパンを買って喰っていました。その大半は運動クラブの連中で、六時間目が終わって練習が始まる前にも、軽くパンを喰ってから練習を始めていました。

弓道をやっていた私もその中の一人です。なにしろ育ち盛りなので、午前八時前に朝飯を喰うと、一〇時頃には腹が減ってきます。まず弁当を腹に収めてから、懐《ふところ》と相談して、安いパンにするか美味《おい》しいパンにするかを決めました。

私がよく喰ったパンが、ジェットパンとシンコム三号です。二〇円のジェットパンは、オレンジ味をつけた小型の食パンを縦割《たてわり》して、安仕立てのクリームを挟《はさ》み込んだパンで、懐具合が寂しい時に喰いました。

シンコム三号は、その頃地球を回っていた人工衛星の名です。ジェットパンとともに鹿児島市の北隣の始良《あいら》郡にあるパン屋の製品でしたが、社長がそういう趣味だったのか、このパン屋の製品はいずれも飛行物体の名前がついていました。シンコム三号は丸いカステラパンの中に白いクリームが入った菓子パンで、姿はドラエモンが好きなドラ焼きの洋風版です。シンコム三号も二〇円でしたが、大きさはジェットパンの半分ほどしかないので、一個では足りません。シンコム三号は、懐が暖かい時に、二個を楽しみつつ味わうパンでした。さらに牛乳があれば言うことはありません。これだけ喰っておけば、激しい運動をして家に帰っても、午後七時頃までは腹が持ちました。

こんな連中が、昼前後の休み時間にパン売り場へ押しかけていました。金の貸し借りはしませんが、持てる者が持たざる者に買ってやることはありました。日によって立場が逆転することもあるので、三年間を均《なら》せばトントンだったと思います。思いきりのよい友人たちでした。

今思えば、買い喰いする金を持っていたのが不思議ですが、その出所は思い出せません。金は天下の回りものなので、いずれからか私の懐に入ったのでしょう。ジェットパンとシンコム三号は、育ち盛りの餓鬼どもに空腹感をしばし忘れさせる喰いものでした。

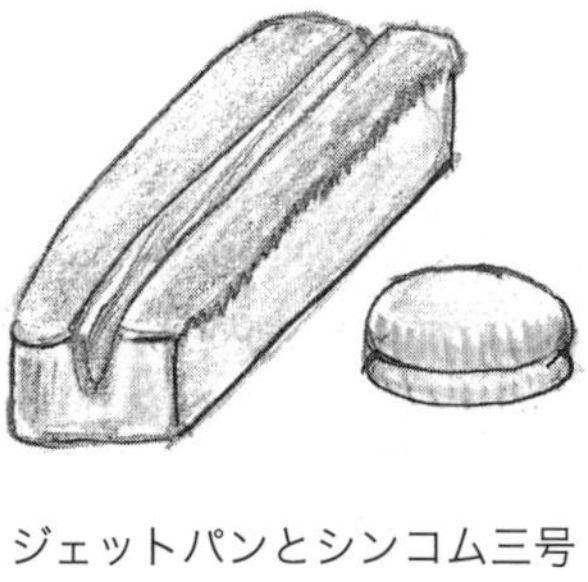

ジェットパンとシンコム三号

●アイスボンボンとアイスマンジュウ

鹿児島でも冬は寒いし、一年に一～二度は雪が積りますが、春は早くきますので、四月前半には駄菓子屋の店先に氷菓子を入れた冷凍箱が顔を出していました。

冷凍箱に入っている氷菓子は、私が小学校低学年の頃まではアイスキャンデーでしたが、小学校の高学年になる頃にはアイスクリームが主流を占めるようになりました。アイスキャンデーは色を着けた甘い汁を凍らせたお菓子、アイスクリームは本来は牛乳の加工品に甘味を加えて凍らせたお菓子です。駄菓子屋で売っていたアイスクリームは本物のクリームを使ったものではなく、材料を調合した模造品でしたが、子供の私には文明開化の味がしました。アイスキャンデーは一本一〇円、アイスクリームは一〇～二〇円でした。

アイスクリームも喰い慣れてしまうと、子供たちの口が肥えてきて、ただ冷たければよいという時代から、好みと流行《はやり》の時代に入り、メーカーも子供が好みそうな新製品を次々と出してきました。それらの中で、私が好んで喰った氷菓子がアイスボンボンとアイスマンジュウです。

アイスボンボンは、小型のゴム風船の中にラクトアイスを詰め込んだ、直径五cmほどの球形の氷菓子でした。一〇円払って冷凍箱から取り出し、輪ゴムで縛ってある部分とは反対側の、幅三㎜、長さ一㎝ほどのゴムの出っぱりを歯で喰いちぎって、喰い口を作り、溶《と》けていく中身を少しずつ吸って喰います。

アイスボンボンの長所は吸い口が小さいので、喰い終わるまで二〇〜三〇分ほどかかることです。子供にとって、喰い終わるまでの時間も、お菓子を選ぶ際の重要な要素なので、アイスボンボンはそれを満たす、優れものの氷菓子でした。

アイスマンジュウはアイスキャンデーの流れを汲《く》む棒型の氷菓子で、上から見ると梅の花が開いた姿をしており、横から見ると波形の凹凸がある、面白《おもしろ》い形をしていました。しかも、上半分はラクトアイス、下半分は小豆《あずき》の漉餡《こしあん》が固めてあって、二段の菱餅を梅の花型にくり抜いたようなアイデア商品でした。「餡が皮でくるんでないのに　なぜアイスマンジュウか」と思われるでしょうが、冷凍箱から取り出す時は、凍った漉餡の上を氷の結晶がとり巻いて、餡が透《す》けて見える薄皮饅頭《まんじゅう》のような姿をしていたからだろうと思います。アイスマンジュウは二〇円でした。

アイスマンジュウは次のような手順を踏んで喰いました。まず、上半分のラクトアイスを嘗《な》めて喰います。かじると短時間で減るので、そんなもったいない喰いかたはしません。

上半分が終わると、下半分の漉餡をかじって喰います。こちらのほうは、解氷しても固体の状態を保って溶けないので、かじって喰いました。その間約一五分、アイスボンボンよりも喰い終わるまでの時間が短い欠点はありましたが、美味《おい》しさではアイスボンボンを上回っていました。アイスマンジュウの全盛期は、私が中学三年から高校二年の頃まででした。

アイスマンジュウとアイスボンボンは、形の珍《めずら》しさ、喰い終わるまでの時間、美味しさのいずれから見ても、合格点を与えてよい優れものの氷菓子でした。

アイスボンボンとアイスマンジュウ

第五幕………大学生の頃（昭和四〇年代）

●絹ごし豆腐

私は昭和四二（一九六七）年に大学を受験しました。私立大学をひとつ受けて感覚を馴《な》らしてから、大阪にある公立大学を受験しました。国公立大学は地方試験場がなかったので、寝台列車に一五時間ほど揺られて大阪へ行き、父方の従姉《いとこ》の家に泊めてもらい、その人の兄さんが面倒を見てくれました。

大阪に着いた晩に、この従兄弟《いとこ》の案内で道頓堀《どうとんぼり》にあるフグ（河豚）料理店へ行きました。生まれてはじめて喰うフグの刺身や水炊きに舌鼓《したつづみ》を打ちましたが、その水炊きの中に入っていたのが絹ごし豆腐です。

フグや白ネギと一緒に、煮えた豆腐が鍋の中を泳いでいます。フグに飽きたので、豆腐を喰おうと思って箸《はし》で掬《すく》いましたが、豆腐は箸から逃げたり箸の上で崩れたりして、ポン酢が入っている椀《わん》に収まってくれません。ところが、従兄弟は豆腐を箸に乗せて、ポン酢が入っている椀に苦もなく運んでいます。私にもできないはずはないと思い直して何度かやってみたものの、まったく駄目でした。

これまで一八年間喰い続けてきた鹿児島の豆腐は、箸を突き刺して持ち上げても十分耐えて、椀まで運べる木綿《もめん》豆腐でした。ところが、今水炊きの中を泳いでいるこの豆腐は、フニャフニャで掴《つか》み所がありません。仕方なくタマジャクシで掬いとって、やっと椀に収めました。私の口に入るまで、ここまで時間がかかった喰いものは、他に記憶がありません。頭にぶつけると抵抗感がある木綿豆腐のほかに、頭にぶつけると顔中に飛び散りそうな絹ごし豆腐もあることを、身をもって知りました。

あれから四〇年あまりが過ぎた今、なんとか絹ごし豆腐を箸で掬いとれるようになりました。二本の箸の間を適度に開けて、豆腐が泳いでいる鍋からゆっくり持ち上げれば、椀まで運ぶことができます。それでも、四〇年あまり前に私をてこずらせた絹ごし豆腐には、恨みが晴れません。

●ビフカツ

私は昭和四二年四月から京都市内にある私立大学に通うことになりました。国公立大学を受験しましたが、数学が零点に近いようでは、合格するはずがありません。

サツマイモを原料にする澱粉《でんぷん》作りか焼酎作り以外には、これといった産業がなかった当時の鹿児島は、お役人天国で、大学も国公立以外は大学ではないと思われていた時代でしたので、失意の淵に沈み、かつ親元から一千km も離れた土地に住む心細さから、やりきれない不安を抱えつつ、寝台急行列車「桜島」で京都へ向かったことを、鮮明に覚えています。

最初に住んだ場所は、父の知人に紹介してもらった、滋賀県大津市の南滋賀でした。父が同行してくれましたが、入学式などの行事が終わって鹿児島に帰る父の顔は不安気でした。わが子を遠隔地へ送り出すのは初めてだったことに加えて、自分の給料でこれから四年間の学費と生活費を出せるか、不安だったのでしょう。

一年生の四月から九月の間は大津に住み、京阪電車と京都市電を乗り継いで、約一時間かけて通学しました。そして、一〇月に京都市街地の北東端に位置する修学院の近くへ移りました。

今回の話はここから始まります。修学院の下宿は間借りで、食事は外食か自炊、風呂は銭湯です。夕食は電気釜で飯を炊きましたが、朝と昼は大学の生協食堂の世話になりました。

大学生協食堂の定食には五五円、八〇円、一〇〇円、一二〇円の四種類があって、いずれもおかず一品に盛りきり一杯の飯と味噌汁が付いていました。五五円定食はおかずの素材に肉を使わず、野菜のアンカケやシシャモのメザシなどが常連の献立でした。八〇円定食のおかずはクジラ（鯨）肉の揚《あ》げものがほぼ九割で、一〇〇円定食になるとクジラや豚《ぶた》の肉を使った揚げものが出ました。一二〇円定食は高くてほとんど喰わなかったので、どんなおかずだったのか覚えていません。八〇円以上の定食にはキャベツの茎（葉脈）と芯《しん》の千切りが添えてありました。

朝は二五円のキツネウドンか五五円定食、昼には八〇円か一〇〇円の定食を喰いました。しかし、おかずの内容があまり変わらない定食だけでは飽きるので、気分転換を兼ねて喰ったのが、今回話題にするビフカツです。

ビフカツとは、クジラ肉のフライにキャベツの茎と芯の千切りが添えてあるおかずで、これに皿に盛った飯が付いて八〇円、三年生になってからは一〇〇円でした。ビフカツの魅力は、箸《はし》ではなくフォークとナイフを使っていただく、すなわち、八〇円出せば西洋料理の気分が味わえることでした。友人たちが箸を使って定食を喰う傍《かたわ》らで、ウスターソースをかけてから、おもむろに西洋小刀と西洋又串《またぐし》を使って喰うビフカツの味は格別でした。大学生協食堂のビフカツは、安いクジラ肉を素材に使うアイデアメニューで、私をはじめ、食卓での礼儀を知らない田舎者たちは、ナイフとフォークをカチャカチャ鳴らして喰っていました。

　昭和四〇年代は、肉の中ではクジラ肉の値段が格段に安く、われわれはクジラさんのおかげで肉にありつけたし、体力をつけることができました。これについては、次回話題に採りあげることにします。

　さて、ある時、ビフカツを喰いながら、疑問が頭をもたげました。「ビフカツとはビーフカツではないのか。ビーフカツは牛《ぎゅう》肉のフライだから、クジラ肉のフライをビフカツと称するのは不当表示ではないか」という疑問です。そこで生協の学生役員をしていた友人に、このことを話して、「クジラカツ」とか「ホエールカツ」と称すべきであると抗議しました。すると、その友人は、「そういうバカな抗議をする奴がほかにもいるが、ビフカツはおかずの名前であって、料理の素材を説明しているわけではないので、ビフカツでよいのである。ワハハ……」と返してきたのです。

　ごもっともではありますが、私が知る不当表示食品の第一号がこのビフカツです。クジ

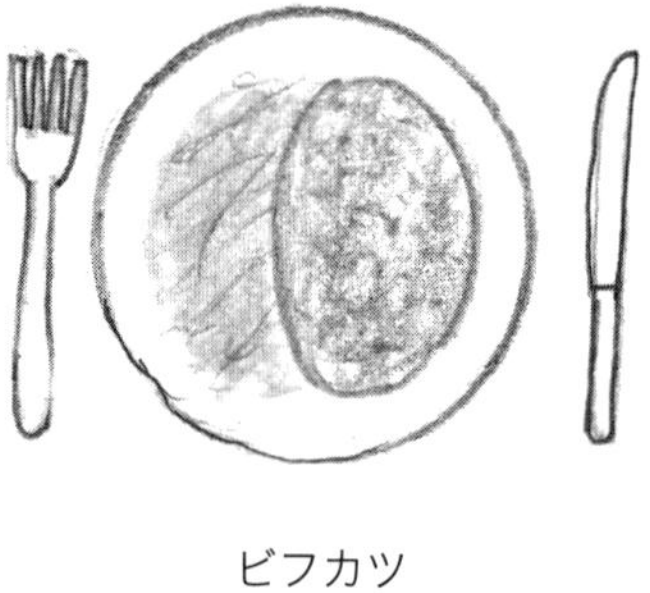
ビフカツ

ラさんにはお世話になったので、クジラさんの代わりに一言申し上げると、これではクジラさんの立場がないじゃありませんか。でも「まあいいか」と思って引き下りました。

それから四〇年あまり、今やクジラさんはもっとも高価な肉にのし上ってしまいました。学生時代にビフカツを味わっておいてよかったと思っています。

●クジラ肉

大学生協食堂のビフカツの素材はクジラ（鯨）肉でした。また、八〇円定食のおかずはほぼクジラ肉の竜田揚《たつたあ》げでしたし、一〇〇円定食もクジラ肉を使う日がありました。八〇円定食の皿には、縦横一〇㎝ほどのクジラ肉の竜田揚げと春雨サラダとキャベツの茎と芯《しん》の千切りが乗っていました。安いことも魅力でしたが、適度に醤油の味が染み込んだクジラ肉の竜田揚げは、毎日喰っても飽きません。一〇〇円定食は時々内容が変わったので、昼食には八〇円定食とビフカツと一〇〇円定食を適度に替え、生協食堂で夕食を喰う時は一〇〇円定食にしていました。

クジラ肉は生《なま》でも調理しても独特の臭《にお》いと歯ざわりがあって、これが気になると喰えませんが、慣れるとクジラ肉は結構美味《おい》しい食材です。羊肉《ひつじ》も喰いましたが、羊肉の臭いと歯ざわりよりは、クジラ肉のほうがましでした。何事も慣れです。すでに育ち盛りの年齢は過ぎていましたが、少ない出費で腹を満たすことが何より大切だった学生時代には、クジラ肉はおかずの優等生でした。

四〇年あまりが過ぎた今、捕鯨規制のために、クジラ肉は牛肉《ぎゅう》よりも高級品になっています。八〇円定食と同じ献立だと、今は千円出しても喰えないかも知れません。この四〇年あまりの間にクジラ肉は浮き上り、バナナは沈んでしまいました。私が小学生の頃に、「子供の頃はバナナを鱈腹《たらふく》喰った」という父の話を羨《うらや》んで聴いたように、今の子供たちは、われわれが若い頃にクジラ肉にお世話になったことを羨むか、信じないのではないでしょうか。

私は美味しいクジラ料理をもうひとつ知っています。冬の寒い晩に家族で鍋を囲んで楽しむ「クジラのハリハリ」です。「クジラのハリハリ」は、昆布で出汁《だし》をとった汁を鍋で沸騰させてから、水菜《みずな》を入れ、薄切りにしたクジラ肉を自分が好きな量だけ箸《はし》でつまんで、鍋の汁でシャブシャブと洗い、色が変わったら、小皿に入れておいたポン酢にくぐらせて喰います。

クジラ肉は長く煮ると硬くなるので、色が変わったら手早く鍋から取り出します。また、汁に浮いてくるクジラ肉のアクをタマジャクシで掬《すく》い出すのが美味しく喰うための秘訣《ひけつ》です。

「クジラのハリハリ」は関西の冬の家庭料理でしたが、今は高級料理店でしか喰えない味覚になってしまいました。クジラ肉は諸行無常を凡夫《ぼんぷ》に知らしめる喰いものです。

●赤だし

赤だしは赤味噌で作る味噌汁です。赤だしとの初対面は、大学の生協食堂で二度目に食事した時でした。

大学の生協食堂ではじめて喰ったのはドライカレーです。それまでカタクリ粉カレーしか知らなかった私には、チャーハンにカレー粉を混ぜたようなドライカレーは美味《おい》しくありませんでした。

大学の生協食堂には、一般の食堂と、一ランク上のレストラン風食堂がありました。その日、一般食堂の食券売り場には多くの学生が並んでいたので、空《す》いているレストラン風食堂の食券売り場に並びました。見本棚に並んでいるおかずのうち、知っているのはカレーライスだけだったので、「カレーライス」と言うと、ショッキングピンクの口紅をつけたお姉さんがカレーライスの券を手渡してくれました。そして、出てきたのがドライカレーです。これは辛いばかりで美味しくなかったので、生協食堂へのイメージは暴落しました。

次の日の朝、生協食堂への私の評価は、赤だしによってさらに落ちることになります。五五円定食の食券を買って、配膳台に並べてある野菜アシカケの皿をとって進むと、プラスチック製の味噌汁椀《わん》が並んでいました。味噌汁が一番多く入っている椀を選んで盆に乗せ、さらに飯と箸《はし》と茶を乗せてから、空いているテーブルに置いて座りました。そして、喰い始める前に盆に乗っているものを眺めました。

味噌汁は煮えすぎて、いかにも塩辛そうな色をしています。一口すすってみましたが、煮詰まった濃厚な味がして、鹿児島で飲み慣れてきた白味噌の甘く淡泊な風味とはまったく異なる代物《しろもの》でした。そして、生協食堂のおばさんの調理ミスだろうと思いました。箸で掬《すく》うと、ダイコンを薄く輪切りにしたものが二～三個入っていて、これも美味しくありません。これが赤だしとの初対面でした。しかし、一か月もすると、赤だしは関西風の味噌汁で、慣れるとそれなりの風味があることがわかってきました。

それから一〇年間、私は大学の生協食堂で赤だしとつきあいましたが、赤だしは一度もその味を変えませんでした。入っている具も、相変わらずダイコンの薄輪切りか、キャベツの茎と芯《しん》の千切りでした。町の食堂でも赤だしを飲みましたが、生協食堂風のやや酸っぱい赤だしとはまだ出会っていません。あの貧乏たらしい味が捨て難いのです。

それでも、味噌汁は白味噌仕立てに限ります。子供の頃に擦《す》り込まれた味覚は忘れられないものです。

●キャベツの葉の行方《ゆくえ》

大学の生協食堂には五五円、八〇円、一〇〇円、一二〇円の定食がありました。これら四段階のうち、五五円以外の定食のおかず皿には、肉類を調理したものに加えて、キャベツの千切り、正確に言えばキャベツの茎（葉脈）と芯《しん》の千切りが添えてありました。学部学生時代の四年間は、ほぼ毎日生協食堂で定食の世話になりましたが、キャベツはずっと茎と芯の千切りでした。キャベツの葉さんはどこに行かれたのでしょうか。「もしかしたらこのキャベツは茎だけが大きくなる種類なのか」などと半ばまじめに思いながら、キャベツの茎と芯の千切りにソースか醤油をかけて喰っていました。

大学生協食堂のキャベツの葉の行方がわかったのは、大学院に入ってからです。高校の非常勤講師をやり、奨学金も少し上ったので、学部生時代よりも懐《ふところ》が暖かくなり、四年前にドライカレーを喰ったレストラン風の食堂で食事することができるようになりました。

私の好物はチキンカツで、これにライス（飯《めし》ではありません）を付けても一五〇円ほどでしたから、高級感を味わえる割には、出費は少なくて済みました。しかも、客の目の前で鶏《とり》肉を揚げてくれましたから、できたてを喰うことができます。それをナイフとフォークを使って喰うので、出世したような気分を楽しむことができました。

このチキンカツの皿に、四年間探し求めていた、葉だけを千切りにしたキャベツさんが鎮座《ちんざ》しておられました。キャベツは茎芯と葉が生き別れになっていたのです。以来、大学院在学中の六年間はキャベツの葉を喰う幸せに浴することができました。

大学院で勉強できたことは幸せでしたし、学費を出してくれた両親には感謝しています。そして、キャベツの葉の行方をこの目で確かめることができたのも両親のおかげです。

●トマト

昭和四二年に大学に入った私は、一年生の九月まで滋賀県大津市の南滋賀に住み、京阪電車と京都市電を乗り継いで、約一時間かけて上京区にある大学に通いました。その頃は、食費を切り詰めるために、朝・昼・晩とも大学の生協食堂の世話になりました。朝は二五円のキツネウドンか五五円定食、昼は八〇円定食、晩は一〇〇円定食、合わせて二〇〇円あまりの食費で暮らしていました。夜ふかしすると腹が減るので、早い時間に寝ていたように思います。

授業がある日は生協食堂の飯で腹を満たしましたが、困ったのは日曜日です。大津市南滋賀は、住宅地と田圃《たんぼ》が相半ばする田舎《いなか》で、下宿の近くに腹と懐《ふところ》具合を同時に満たしてくれる食堂がなかったからです。大津の市街地には京阪電車で一〇分ほどで行けましたし、定期乗車券も持っていましたが、町まで出かけるのが面倒でした。それに町に出ると、飯を喰う前にパチンコ屋に足が向いて、一〇度のうち九度は生活費の持ち出しになってしまいます。

そこで、安い喰いもの探しを兼ねて、下宿近辺の散歩と洒落《しゃれ》込みましたが、気のきいた店など一軒もありません。やっと見つけたのが小さな八百屋で、そこに掌《てのひら》ほどの大きな完熟トマトが入った箱が置いてありました。

その頃のトマトは独特の青臭《あおくさ》さがあったので、トマトを嫌う子供が少なからずいて、私もその中の一人でした。高校まではおかずに出ても喰いませんでした。

しかし、今は腹が減って、何でもよいから胃袋に固形物を送り込まねばなりません。私はそのトマトを買って、下宿へ戻る道々かじりました。

ところが、そのトマトはまったく青臭くなかったのです。今思えば、温室育ちで、個性を抑《おさ》え込まれたトマトでしたが、腹を満たし、かつ私のトマト嫌いを解消してくれた勲章もののトマトでした。それ以来、トマトにはお世話になり続けています。

さて、この歳《とし》になってトマトの青臭さがたまらなく好きになってきました。真夏に喉《のど》が渇いた時は、家庭菜園で作っているトマトの実をちぎって喰いますが、完熟した甘さと独特の青臭さが混りあって、深い味わいがあります。トマトさん、もうしばらくお世話になります。

ちなみに、トマトを見ると、高校一年生の時に国語の先生から聴いた話を思い出します。その先生が教員になりたての昭和二〇年の夏、誰もが空腹を抱えていた頃の話です。

その先生がリュックを背負って何時間も喰わずに歩いていると、人家の垣根に完熟した実をつけたトマトがあったらしいのです。先生は、実を盗《と》って喰おうか止《や》めようか、しばし迷って、盗らずに立ち去ったそうです。そして、先生は「あの時トマトを盗らなくて本当によかった　盗って喰っていたら　君たちに範を示す教員として　ずっと良心の呵責《かしゃく》にさいなまれ続けているだろう」と申されました。

クソ真面目《まじめ》で大学受験のことしか言わない先生でしたが、トマトの話を聴いてからは、先生への見方が少し変わりました。意図した体験訓話だったかも知れませんが、思い出すたびに清風を吹き込む教えです。

ただし、話を聴いた時は先生の人柄《ひとがら》に感動したわけではありません。「この人も若い時は腹が減っていたのか　その気持ちはよくわかる　罪なトマトだよな」という同情感です。「衣食足りて礼節を知る」前の、喰いものへの恨みから完全に抜けきれていない、高校生時代の私でした。

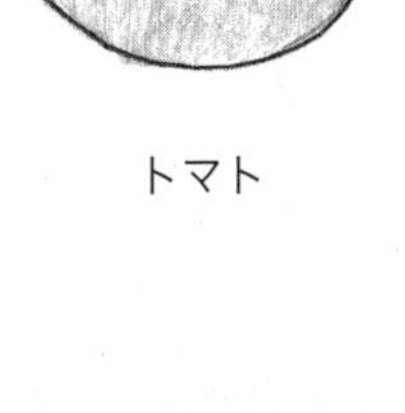

トマト

●ハムサラダ

今回は下宿の近くにあった学生相手の食堂での話です。大学一年生の一〇月に、大津市の南滋賀から京都市左京区の修学院近くへ下宿を移しました。部屋は押入付きの六畳間《じょうま》でひと月六千円、便所は一〇人ほどで共同使用、風呂は歩いて一分の銭湯、食事は近くに数軒あった学生相手の食堂で済ませます。

私は電気釜を買って自炊をはじめたので、学生相手の食堂に行くのは三日に一度ほどです。自炊する時のおかずはモヤシ炒めか、一〇〇g五五円の豚肉《ぶた》を炒めたものか、母が送ってくれるブタミソでした。

学生相手の食堂の中でもっともよく通《かよ》ったのが、京福電鉄叡山《えいざん》線の修学院駅で降り、小売店が並ぶマーケットの横を抜けて、大原街道の四つ角にあったコウヨウ軒です。コウヨウがどんな字なのかは覚えていません。この店は中年夫婦が経営者で、ほかに手伝いのおばさん二人がいました。店のおかみさんは威勢も手際もよく、客の学生たちにも親切だったので、夕食時には二〇人ほど入れる店内はいつも満員でした。

コウヨウ軒にはじめて行った日、私は壁に貼《は》ってある定食札《ふだ》の中から一一〇円のハムサラダを選んで注文しました。すると、おかみさんは「ハムサラー」と奥にいる旦那に大声で伝えます。そして僅か三分後、ハムサラダは私のテーブルに運ばれてきました。小丼《こどんぶり》に入った飯と味噌汁と一緒に運ばれてきた直径二〇cmほどの皿には、千切りのキャベツと四分の一に切ったトマトと薄く輪切りにしたロースハムが乗っていました。このおかずを見て、私は思わず「エッ！」と驚きの声をあげました。

私は、ハムサラダとは、加熱したジャガイモと千切りのリンゴに細切《こまぎ》れハムを混ぜてグリーンピースを落とした、ハム入りジャガイモサラダのことだと思い込んでいたからです。鹿児島ではハム入りジャガイモサラダをハムサラダと呼んでいたので、これをおかずに飯を喰えば一一〇円で腹いっぱいになるだろうと思って、ハムサラダを注文したのです。

ところが、出てきたのは、私が期待したおかずとはまったく別物でした。「京都ではこれをハムサラダというのか」と思いつつ喰いましたが、皿に盛られたものの中でおかずになるのはハムだけなので、飯を腹に収めるのに苦労しました。しかも、苦労した割には腹の足《た》しになりません。以来、私はコウヨウ軒でハムサラダを注文することはありませんでした。

コウヨウ軒のおかずの中で何が美味《おい》しかったかは覚えていませんが、冬には薄切りの牛肉が入った一九〇円のスキヤキ鍋があって、アルバイトで金が入った日には、これを喰いました。

三〇年ほど前にコウヨウ軒を見に行きましたが、店があった場所は道路になっていました。コウヨウ軒のおかみさんは九〇歳近くになるはずですが、今もどこかで元気な声をはりあげているような気がします。

●イワシのテンプラ

私が住んでいた下宿の近くには、コウヨウ軒のほかに学生相手の食堂が二軒、大衆中華料理店が一軒ありました。このうち学生相手の食堂の一軒にはたまに行きました。その店のイワシ(鰯)のテンプラ定食が美味《おい》しかったからです。それまで私はイワシの臭《にお》いが気になって、どう調理しても好きになれませんでしたが、この店のイワシのテンプラを喰ってからは、イワシが好きになりました。今ではイワシ料理は好物のひとつです。

この店は紅葉《もみじ》で知られる大原へ向かう道沿いにありました。古い木造家屋で、縄暖簾《なわのれん》をくぐってから引戸を開けて入る店だったので、入りにくかったせいか、客はほとんどいませんでした。

イワシのテンプラ定食は一五〇円だったと思います。客は他にいないことが多かったので、店の調理場ではすぐに私が注文したイワシのテンプラを揚げて、一〇分も待つことなく、ダイコンおろしを添えて持ってきてくれました。眼鏡《めがね》をかけた六〇歳前後のおばさんが「おまっとさん」と言いながら、無表情にテーブルの上に飯と味噌汁とイワシのテンプラを乗せた皿を置いていきます。私もダイコンおろしに醤油をかけて、無表情に約一〇分で黙々と喰いました。そのテンプラがじつに美味しかったのです。この店で私が喰ったのはイワシのテンプラだけでした。

二〇年ほど前、この店にイワシのテンプラを喰いに行ったことがあります。すでに世代が代わって、二〇年前は店で時々見かけた嫁さんが注文を聞きにきました。運ばれてきたイワシのテンプラは、イワシの大きさも数もダイコンおろしの位置も、そして味も変わっていませんでしたが、

イワシのテンプラ定食

値段は三〇〇円になっていました。

ちなみに、大衆中華料理店には大学院生の頃、夜食を喰うために時々行きました。ここで喰ったのはギョウザとチャーハンだけです。この店では二〇歳前半のお姉さんが接客係でした。この店にはスポーツ新聞が置いてあったので、それを眺《なが》めていると、五分ほどでギョウザがきて、それを喰い終わる頃にチャーハンが運ばれてきました。店には三〇分もいませんでしたが、他の店よりはゆっくり食事することができて、ちょっぴり豊かな気分になれる店でした。

●生野菜《なま》

私は大学に入るまで生野菜を喰った記憶がほとんどありません。子供の頃、野菜は飽きるほど喰わされましたが、その多くは煮たり炒めたりした野菜でした。生野菜には寄生虫の卵が付いている恐れがあるので、加熱処理していたからです。

私は小学生の頃は相撲が強く、大関クラスの地力《じりき》の持ち主でした。その頃は本気でプロの相撲取りになるつもりで、横綱土俵入りの稽古《けいこ》をしていました。そして、大関の地位を保つために、休み時間には数人の友達を誘って、稽古に励んだものです。

毎日稽古していると自《おの》ずと転びかたが身につくので、大怪我《けが》はしませんが、擦傷《すりきず》は絶えません。そこで、赤チンキを塗ってもらうために保健室へ通《かよ》いました。当然保健室のおばさん先生とも顔馴染《なじ》みになり、「こんなキズはツバつけとけばなおる」を鹿児島弁で言われながら、小さな筆で赤チンキを塗ってもらいました。

しかし、保健室のおばさん先生が忙しくて、すぐに相手にしてもらえないこともありました。そんな時は、おばさん先生の手が空くまで、保健室で待つことになります。そこで眺めていたのが、壁に掛けてあった回虫の一生を描いた絵です。

それは、お百姓さんが柄杓《ひしゃく》で人糞を畑の野菜にかける↓野菜に回虫の卵が付く↓その野菜を子供が生か十分に加熱してない状態で喰う↓子供の腹の中で孵化《ふか》した回虫が大きくなって卵を産む↓子供の糞に回虫の卵が混じって出てくる↓回虫の卵入りの糞尿を汲む、という循環を示す図で、「よい子はよく手を洗い、生野菜を食べないようにしましょう」と書き込まれていました。半世紀前は生野菜を喰わない子がよい子だったのです。

保健室に置いてあったものの中で、すぐに目に入るのが、等身大の骸骨《がいこつ》模型と、回虫の一生を描いた絵でした。骸骨を見てしまうと、その晩は便所へ行けなくなるので、絶対に見ないようにしていましたから、自《おの》ずと回虫さんの生涯を描いた絵を見ることになります。したがって、保健の授業で教えられるまでもなく、「よい子は生野菜を食べない」習慣が身についてしまいました。

その頃、生で喰っていた野菜はキュウリくらいなもので、トマトも珍しい野菜でした。保健室の絵に描かれていた野菜はキャベツかハクサイだったと思いますが、いずれも煮るか炒めて喰う野菜でした。

しかし、大学に入ってからは、腹を満たすために、生野菜を喰わねばならないことが多くなりました。折しも人糞などの有機肥料から化学肥料に代わって、生野菜を喰うことが奨励される時代になっていました。昭和三〇年代後半から四〇年代前半の間に「よい子」の行うべきことが逆転したのです。今の小学校の保健室の壁絵には、生野菜を美味《おい》しそうに喰う「よい子」の姿が描かれているのではないでしょうか。世の中変ってしまいました。

私が大学に入った頃から、それまで見たことがない野菜が八百屋の店先で幅を利《き》かすようになりました。ブロッコリ、カリフラワー、ピーマン、レタス、アスパラガスなど、生で喰うか湯通《ゆどおし》して喰う野菜たちです。私は二〇年ほど前から歳《とし》相応に野菜中心の食生活をしていますが、半世紀前ならば、検便のたびに担任の先生に朝の学級会で「腹に回虫がいる」と言われて、虫下しを飲んでいたことでしょう。

私が小学校低学年の頃は、クラスの半分ほどが回虫か蟯虫《ぎょうちゅう》を飼っていたので、検便で虫が見つかっても、恥ずかしがる子供はいませんでした。また、年に一度は全校児童が保健室のおばさん先生に液体を頭にかけられ、それを手で擦《す》り込む、シラミ駆除の日がありました。数多くの日本人が寄生虫を飼っていた、おおらかな時代でした。

●ハモのフライとバウムクーヘン

ハモ（鱧）は小骨が多くて、骨切りしないと喰いにくい魚です。今回は骨切りしてないハモのフライを喰って懲《こ》りたという話です。

大学一年生の秋に、京都市街地の東山三条を北東方向に上った所にある京料理の店で、ダイレクトメイルの宛名《あてな》書きや皿洗いのアルバイトをしたことがあります。この店は、京都にある飲食店の中でも、五本の指に入る老舗《しにせ》です。当時は店の従業員から「大奥さん」と呼ばれる七〇歳前後の老婦人が店を仕切っていました。この大奥さんは仕事を次々にこなす働き者で、従業員の仕事ぶりにも目をひからせていました。私がダイレクトメイルの宛名書きの手を休めていると、「なにしてはりまんねん！」と鋭い声が飛んできました。

大奥さんの息子は大阪市にある大きな会社の重役で、店の経営にはほとんど口を出さず、その人の奥さんが「若奥さん」と呼ばれて、大奥さんを手伝っていました。若奥さんは四〇歳台の前半だったと思いますが、アルバイトの私から見ても、大奥さんに従順に仕《つか》えて、店と調理場の間を忙《いそが》しく走り回っていました。若奥さんには大学生の息子と小学生の娘がいましたが、大学生の息子はスポーツカーを乗り回す坊ちゃんで、従業員たちは娘のほうが店を継ぐだろうと噂《うわさ》していました。今はかつての坊ちゃんがこの店の主人になっているようです。

この店が客に出す料理は、値段相応に厳選した素材を使い、季節感を採り入れ、色彩と味付けに工夫が凝《こ》らされていましたが、従業員たちの飯のおかずは質素でした。この店で働きはじめた日は、大奥さんの「学生さんはそのうちに店のお客になる人やさかい」との一声で、晩飯に特別料理が出ましたが、黒漆《くろうるし》塗りの立派な木器の中身は卵丼《たまごどんぶり》でした。そして、次の日からは従業員たちとまったく同じおかずになりました。おかず一品にタクアンが付くだけです。

ある日、おかずにフライが出ました。フライはコロモを被《かぶ》っているので、中身が何であるかは喰ってみないとわかりません。連日の粗末なおかずに呆《あき》れていた私には、このフライはご馳走《ちそう》に見えたので、口に入れて噛《か》み切ろうとしたのですが、コロモを通過した私の歯が感じたものは大小様々な魚の骨で、中には歯茎に突き刺さるものまであります。吐《は》き出してよく見ると、骨切りしてないハモをフライにしたものでした。とても喰える代物《しろもの》ではありません。その日もまた失望して、タクアンだけで飯を口の中へ掻き込みました。

ところが、従業員のおばさんたちは、「今日のおかずは美味《おい》しい」と言いながら、骨だけのフライを平気で喰っているのです。慣れもありましょうが、こちらは呆れるやら感心するやら、口の中で上手に身と骨を分けとる神業《かみわざ》のような技術を、タクアンをかじりながら眺《なが》めたことを覚えています。貴重な体験はさせてもらいましたが、とても真似《まね》できる技ではありません。その後は、幸運にも骨切りしてないハモのフライを喰ったことはありません。

ちなみに、この店で働いていた時に、生まれてはじめて喰ったお菓子があります。若奥さんが「学生さんこれ食べなはれ」と言って出してくれたのは、直径二〇㎝ほどの木の幹を輪切りにした形のカステラ菓子でした。それが上品な甘さで、じつに美味しかったのです。若奥さんに「これ何というお菓子ですか」と問うと、「バウムクーヘンというドイツのお菓子です」との言葉が返ってきました。見るのも喰うのも名前を聞くのも、はじめてのお菓子でした。

その後、バウムクーヘンは幾度も喰いましたが、京都東山三条を北東方向に上った所にある京料理の店で喰ったバウムクーヘンの味は、骨切りしてないハモのフライとともに、今でも忘れられません。

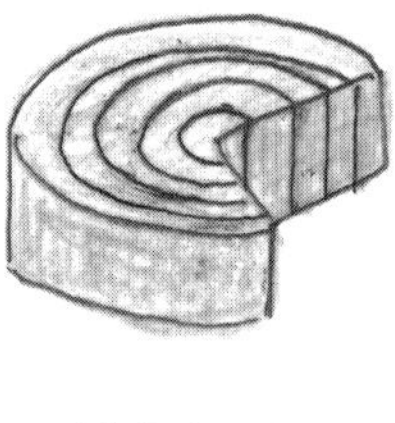

バウムクーヘン

●スウドン

大学一年生から二年生の頃、私は様々なアルバイトを経験しました。語学と専門科目以外の授業がある日はアルバイトに精出していたので、一週間の半分ほどは大学へ行きませんでした。それが祟《たた》って、私は人として備えておくべき教養に欠ける大人になってしまいました。この歳《とし》になって、反省することしきりです。

それでも、長期間のアルバイトだと語学と専門科目に出席できないので、二〜三日で終わるアルバイトを選んで生活費を稼いでいました。京都には、神社の祭のご神幸《しんこう》で昔の服を着て歩く仕事や、和服の展示場作りや、西陣の機屋《はたや》の仕事など、千年の古都ならではのアルバイトもあって、様々な経験をすることができました。

今回は西陣の機屋でアルバイトした時の話です。京都市上京区西陣は、間口《まぐち》が三～四間《けん》（五・四～七・二m）で奥行きが長いウナギ（鰻）の寝床のような町屋《まちや》がひしめき合っている地区です。その一角の小さな機屋で一週間アルバイトをしました。学園祭期間で授業がなかったからです。

この機屋は、木造の町屋が作業場になっていて、従業員は一〇人ほど、女性従業員は事務服を着ていましたが、男の従業員たちは私服やステテコ姿で働いていました。私はその人たちの下働きで、いろいろな雑用を言いつけられる、結構きつい仕事でした。大学生に対する対抗心があったのか、とりわけ男の若い従業員には冷たくあしらわれました。午前八時半から午後五時まで働いて、千円がアルバイト賃金の相場でした。

この機屋で働いた一週間の間に、二時間ほどの残業が三度ありました。午後三時頃に「今日は残業するが　やるか」との問い合わせがあり、「やります」と答えると、午後五時から一五分ほどの休憩《きゅうけい》を挟《はさ》んで、七時過ぎまで働くことになります。

この休憩の時に出た喰いものが、今回話題にするスウドンです。近所の食堂から運ばれて来るスウドンは、まさにスウドンでした。薄口醤油を使った関西風の汁《つゆ》に入っていたのは、ウドンのほかには鯉《こい》の餌にする麩《ふ》がひとかけらと刻《きざ》んだネギだけです。じつに愛想《あいそ》のないスウドンでした。京都の人はシブチン（ケチ）だと言われますが、このスウドンはまさに京都庶民の食文化を物語っていました。四〇年前のことなので、味は忘れましたが、ウドンの上に乗っていた鳴門模様の麩と色鮮やかな刻みネギの姿は、鮮明に覚えています。

このスウドンで空腹を二時間ほど騙《だま》して働き、星を背負って自転車で三〇分ほどかかる下宿に帰ります。昭和四〇年代の京都市街地は路面電車が走っていて、大通《おおどおり》を自転車で走っても危険を感じないノンビリした時代でした。今でもスウドンを喰うことがありますが、あのスウドンを超える簡素なスウドンにはまだお目にかかっていません。

●ブタミソ

私は食費を切り詰めるために自炊をしていました。コウヨウ軒やイワシ（鰯）のテンプラ食堂にも通《かよ》いましたが、夕食の半ば以上は電気釜で飯を炊いて喰っていました。そのおかずのほぼ半分が、今回話するブタミソ（豚味噌）です。モヤシ炒めや一〇〇g五五円の豚肉を炒めたものや独特の臭《にお》いがする羊肉も喰いましたが、ブタミソをおかずにした回数にはかないません。

ブタミソとは、味噌に細切れの豚肉と少量の鰹節《かつおぶし》と砂糖を入れて、炒めて作る食品です。他の土地でも作っているのでしょうが、一応鹿児島の特産品ということになっています。

このブタミソを母がひと月に一度の間隔で下宿に送ってくれました。ブタミソはそのままでも飯のおかずになりますし、湯に溶かせば美味《おい》しい味噌汁ができます。これにひとやま一〇円のモヤシを買ってきて油で炒めたり、味噌汁に豆腐を浮かべれば、豪華な夕食になりますが、面倒なので、飯にブタミソを乗せて喰うか、質素な味噌汁のままで喰いました。腹に収まるのはほとんど飯だけなので、一度に一合半〜二合の米を喰いました。今思えば大飯を喰ったものだと、われながら感心します。

私の身長は約一七〇cmですが、当時の体重は五二kgほどでした。電気釜で炊く飯とブタミソ、それに大学生協食堂の定食などで体力を維持していましたから、質素《しっそ》な食生活ではありましたが、病気することもなく、学生時代を乗り切りました。これも栄養豊富なブタミソのおかげと、母に感謝しています。

カツオのセンジとハラガワ

鹿児島県の枕崎《まくらざき》はカツオ（鰹）一本釣り漁船の母港がある町です。枕崎港に水揚げされたカツオは、様々な保存食品に加工されます。

枕崎では水揚げされたカツオの大半を鰹節《かつおぶし》に加工します。大きいカツオは縦に四分割し、煮て小骨を抜いて燻《いぶ》して日に干してから、桶《おけ》に詰めて残った水気をカビに吸わせると、鰹節のできあがりです。鹿児島では背中側の二本を雄節《おぶし》、腹側の二本を雌節《めぶし》と呼びます。小さいカツオは縦に二分割して、二本の鰹節にします。この鰹節はやや丸みがあるので、鹿児島では亀節《かめぶし》と呼びます。頭と鰭《ひれ》と内臓と下腹は、カツオを開く時にとりのぞきます。

鰹節にするために開いたカツオは、まず釜に入れて煮ますが、その汁を煮つめた食品がセンジです。カツオを煮ると油とミネラルが溶け出します。それを煮つめると、こげ茶色の水飴《みずあめ》状になります。煮た汁を煎じつめて作るので「センジ」です。センジは鰹節の製造工程でできる副産物で、他所《よそ》の人には気味の悪い喰いものに見えるようですが、鹿児島では飯のおかずにします。

センジは気温が高ければ柔らかくなり、気温が下ると箸《はし》が通らないほど硬くなります。

鹿児島の人は、水飴を箸ですくいとるのと同じ要領で、センジを容器からすくい取って飯に乗せます。すると、飯の熱でセンジが溶けて椀《わん》一杯に広がり、飯が茶色になります。それを口の中へ掻《か》き込むのです。他所の人は身震いしますが、鹿児島の人には美味《おい》しくてたまりません。センジだけをおかずにして二杯も三杯も飯を喰います。また、センジを味噌汁に少量入れると、味噌汁の風味が引き立ちます。センジは鹿児島の味なのです。

もうひとつがカツオのハラガワで、カツオを開く時に切り取る腹の部分にたっぷり塩を擦《す》り込んでから、天日に干せばできあがりです。カツオの腹側の塩干物なので「ハラガワ」です。ハラガワはセンジを上回る生臭《なまぐさ》さで、火であぶると、生臭さが部屋中を駆《か》け巡りますが、油が乗ったトロの部分なので、喰い慣れるとじつに美味《びみ》です。カツオのハラガワもこれだけで飯を二〜三杯喰ってしまいます。近年は濃い塩味が嫌われるせいか、甘塩のハラガワしかお目にかかれませんが、鹿児島の土産物《みやげもの》店にはセンジとハラガワが仲良く並んでいます。

鹿児島ではありふれたおかずのセンジとハラガワですが、鹿児島以外の土地ではなかなか手に入りません。興味のある方は、鹿児島におでかけになる機会に、試食してみてください。

これらのほかに、カツオの内臓の塩辛、イワシ（鰯）の丸干し、高菜《たかな》の漬物などが鹿児島の飯のおかずであり、焼酎好きには肴《さかな》になります。

鹿児島の庶民は米だけが入った飯ではなく、米よりも麦や雑穀が多く入っている飯か、サツマイモを主食にしていました。明治維新を担《にな》った鹿児島出身者の多くは、下級の武士たちでした。彼らも鹿児島ではこんな飯やおかずを日常喰っていたはずです。明治維新をなしとげたエネルギーの一端は、こんな粗食から醸成《かもしだ》されたものなのです。

●ウドンの汁《つゆ》

ウドンとソバの汁を作る醤油は、関西では薄口《うすくち》醤油、関東では濃口《こいくち》醤油を使います。関西の人に言わせると、東京のウドンとソバは醤油の中に見え隠れしているし、関東の人は、関西では白湯《さゆ》の中にウドンとソバが沈んでいるようだと言います。「所変れば品変る」の好例です。

鹿児島では、ウドンとソバの汁は関西風の薄口醤油仕立てです。私は丼《どんぶり》に入っている麺《めん》の姿が見えるのが、ウドンとソバだと思い込んでいました。大学は京都だったので、その信念を変える必要はありませんでしたが、大学二年生になった四月にはじめて東京へ行った時、新宿の立喰いウドン屋で、まっ黒な汁の中に沈んでいるウドンと対面しました。ウドンの汁は塩辛くて飲めそうもない色をしていましたが、隣の人はそれを気にとめる様子もなくすすっています。汁を飲んでみると、予想したほど塩辛くはなかったものの、下品な甘さを感じました。以来、東京には幾度も足を運んでいますが、ウドンとソバを喰いたいとは思いません。

私が今住んでいる愛知県豊橋市のウドンとソバの汁は、合《あわ》せ味とでも言うのでしょうか、関西と関東の丁度《ちょうど》中間の色で、中途半端なうえに、やや辛いように思います。愛知県は関西と関東の勢力がぶつかり合う所に位置しているようです。名古屋駅にあるキシメン屋の汁は関東風の濃い色をしていますが、名古屋よりも東京寄りに位置する名古屋鉄道知立《ちりゅう》駅の立喰いウドン屋の汁は、数年前まで薄口醤油を使う関西風でした。

さて、各地で喰うたびにわからなくなるのがタヌキウドンです。京都で喰ったタヌキウドンは、ウドンの上にテンカスすなわちテンプラの揚げかすが乗っていましたが、どこかで喰ったタヌキウドンはアンカケウドンでした。また、短冊に切ったアブラゲ入りをタヌキウドンと称する所もあります。

麺が黒いタヌキソバはもっとややこしくなります。それぞれの土地で合意ができていたらよいのでしょうが、他所《よそ》に行って既成のイメージとは異なる喰いものが出てくる時の驚きは大きいです。

ちなみに、昭和五〇年頃、私の父が大阪府富田林《とんだばやし》市の食堂でソバを注文したら、中華ソバが運ばれてきたらしいのです。その店では黒ソバと言わないと、日本ソバは出てこないのだそうです。そう言われてみると、ヤキソバの麺は中華ソバです。話がややこしくなってきましたので、ウドンとソバ談義はここらで打ち切ることにします。

●コロモドン

「天丼《てんどん》は天麩羅丼《てんぷらどんぶり》の略称で、エビ（海老）や魚や野菜を油で揚げて、飯の上に載せた食品のこと」というのが国語辞典的な天丼の説明でしょう。しかし、ここで話題にする天丼は、右の説明の枠外にある喰いもので、私に命名権を与えていただければ、「コロモドン」と呼ぶべき代物《しろもの》です。

学部の学生だった頃、京都市街地の新京極四条上《あが》ルにあった大衆食堂で天丼を注文しました。待つこと一〇分ほど、六〇歳前後のおばさんが持ってきた丼飯の上には、大型のコロモを被《かぶ》った二匹のエビが乗っていましたが、コロモの長さの割にはシッポが極端に小さいのです。

「もしかするとエビは半分ほどで、あとはコロモか」と思い、コロモのまん中あたりを箸《はし》でつついてみましたが、コロモだけでした。「もっと短いのか。どこからエビだ」と、残り半分のさらに半分を箸でつつきましたが、まだコロモだけだったのです。「じゃエビはどこだ。もしかしてシッポだけか」と思いつつ、シッポから三cmほどのところを箸でつついて、はじめてエビさんとめぐりあうことができました。このエビ天はほとんどがコロモだったのです。しかも、このエビは吸物の出汁《だし》をとるための干しエビの皮を剥《む》いた代物でした。

　これがコロモドンです。久しぶりに喰いものへの恨みが頭をもたげました。飯にかかっている出汁《だし》の味はまあまあでしたが、エビへの失望が大きすぎたために、美味《おい》しくありませんでした。それ以来、私は京都の食堂で天丼を注文したことがありません。

コロモドン

ただし、小エビに大きなコロモを形が崩れないように付けて、油で揚げるのは、かなりの技術がいるのではないでしょうか。もしそうだとしたら、高度な調理技術です。期待を裏切られた恨みと、素晴らしい調理技術への賞賛の気持ちが、今も往来しています。

ちなみに、これまで喰った天丼の中で、もっとも美味しかったのは、大阪市内の零細工場地区にあった大衆食堂の天丼です。私は大学院生の頃、週末に大阪市城東区の染色工場で留守番のアルバイトをしていました。その食堂は近辺の工場で働く人たち相手の薄汚れた店でしたが、天丼は上等の油を使ってエビと白身魚と野菜を適切な温度で揚げ、飯の上に乗せた三色丼で、吸物まで付いて四〇〇円、じつに美味しい天丼でした。昭和四〇年代後半の話です。

●アツアゲのステーキ

大学の同級生のひとりに、スリムでほんのちょっぴり可愛い女の子がいました。私が三年生の夏に父が心筋梗塞《しんきんこうそく》で危篤《きとく》状態になり、この時は生命《いのち》はとりとめたものの、いつまた発作が起るかも知れない、もし父が浄土に赴《おもむ》くようなことがあれば、大学を退《や》めることになるのだろうか、などと不安を抱えながら暮らしていました。そんな時に、スリムでほんのちょっぴり可愛い女の子が私に話しかけてくれて、不安な気持ちが紛《まぎ》れるようになりました。

四年生になる頃には、大阪府寝屋川市にあった女の子の家で時々食事を振舞われるようになりました。とりわけご馳走《ちそう》というわけでもなく、おかずは各人の皿に魚や肉の類《たぐい》と野菜を少量ずつ盛りつけたものと味噌汁で、おかずが足りなければ漬物で飯を喰う仕来りの家でした。鹿児島のわが家では大きな皿に一～二品のおかずが山盛りに置かれて、好きなものを好きなだけ喰う方式が多かったので、この各人チョビチョビの盛りつけ方式には戸惑《とまど》って、「これが大阪の庶民の食文化か」などと思ったものです。

その女の子の家で喰ったおかずのひとつが、アツアゲのステーキです。アツアゲのステーキとは、フライパンをコンロに乗せて油を敷き、縦横四つに切ったアツアゲを焼いて、白い部分がほどよく焼きあがったら、生姜《しょうが》醤油をつけて喰うおかずです。キャベツがあれば一緒に炒める、和風バーベキューといったところです。アツアゲを切っておけば、フライパンを囲むそれぞれの人が焼くので、調理の手間もかかりません。じつに簡単なうえに、費用が一人当り一〇〇円ほどで済むので、家計を預《あず》かる人には優等生のおかずです。

ただし、大豆《だいず》の加工品であるアツアゲは、少し豆臭《まめくさ》いほかは何の味もしないので、生姜醤油の味で飯を喰います。適度に焼けて熱いアツアゲのステーキは美味《おい》しいうえに、おかずが少ないこともあって、飯の量が進みます。アツアゲのステーキには結構お世話になりました。

下宿で友人と一緒にアツアゲのステーキを楽しむこともありましたが、生《なま》の生姜がないので紅《べに》生姜を入れて喰ってみたものの、これは美味しくありませんでした。

このところアツアゲのステーキは喰っていませんが、父の病気とスリムでほんのちょっぴり可愛い同級生の女の子の思い出が重なるおかずです。

ちなみに、スリムでほんのちょっぴり可愛い女の子は、その後は青森県大間《おおま》沖を泳ぐマグロ（鮪）のように丸々と太って、四〇年を経た今もなぜか私の横に座っています。

アツアゲのステーキ

● ファンクオレンジ

徳島県の南部を那賀川《なかがわ》という川が流れています。大学院修士課程二年生の夏に、那賀川の流域を調査したことがあります。夏の暑い盛りで、一時間も歩くと喉《のど》が渇いてきます。駄菓子屋があったので、冷蔵箱の中からオレンジ色の飲料が入った瓶《びん》を取り出し、栓《せん》を抜いてラッパ飲みしました。

一口目は冷たさが喉に染《し》みて美味《おい》しいと感じました。二口目はいつも飲むアメリカ資本の会社製の飲料の味ではないと思い、三口目はその会社製の飲料ではないことがはっきりわかりました。そこで瓶の模様を眺めましたが、いつも飲む飲料の名前が書いてあります。疲れている自分の口がおかしいのだろうと、四口目を飲みましたが、やはりいつもの味とは異なります。そこで、再《ふたた》び瓶の模様を眺めると、アメリカ資本の会社製の飲料とは一字違いの「ファンクオレンジ」と印字されているではありませんか。気づかれなかった方は、もう一度「　」の中のカタカナをご覧ください。

「ファンクオレンジ」は有名飲料の売行きにあやかった「そっくりさん」だったのです。思わず笑い出し、この巧妙な名前をつけた人を尊敬しました。たしかに味は違うし、製品名も異なるので、なんら問題はないうえに、味もそんなに悪くありませんでした。人工飲料なので、アメリカ資本の会社製の飲料に限りなく近い味が作れるのでしょう。それと気づかずに飲む人もいたかも知れませんが、それはそれでよいのではないでしょうか。一種の洒落《しゃれ》遊びです。

徳島県へ出かけたり、徳島県のことを話題にするたびに、あのアイデア飲料「ファンクオレンジ」を思い出します。

第六幕……勤め人になってから（昭和五〇年代以降）

●プリン

私は昭和四八（一九七三）年五月に結婚しました。新居は奈良市北端のニュータウンに建てられた住宅公団のアパートで、部屋の間取りは三K、家賃は月額二万五千円でした。半年後、大変な災難に遭《あ》いました。ある日、家内がプリンを作り、私に喰えと言います。私はプリンのプリプリした姿と舌ざわりが嫌いなのですが、その時はつきあいで喰いました。

そして一時間後、猛烈な下痢に襲われて、幾度もトイレに駆《か》け込みました。不都合にも、このアパートのトイレは洋式でした。私は洋式が不得意なために、跨《また》がって用を足していたので、短時間のうちに幾度もお世話になると、足がしびれてきます。しかし、腹具合のほうは一向によくなりません。腹が立つのは、家内はなんともないことでした。その時以来、私はますますプリンが嫌いになりました。

私は何を喰っても消化してしまう丈夫な胃腸の持ち主ですが、プリンだけはいけません。あのクラゲのような姿を見るだけで、腹具合がおかしくなります。プリンは二度と喰いたくないという意味で、恨みのある喰いものです。

●三ババ飲み屋の結氷刺身《けっぴょうさしみ》

私は、昭和四九年から五二年まで、大阪府の定時制高校で教員をしていました。校舎は近鉄南大阪線の藤井寺駅から歩いて五分の所にありました。定時制なので始業は午後六時前で、午後九時前まで三時間の授業があり、生徒は四年かけて卒業します。教員も昼過ぎから午後九時半頃までが勤務時間でした。

その頃は勤労生徒の数が減っていて、昼間の高校の入学試験に落ちて、受験すれば入学できる定時制高校に来た生徒が三分の二ほどを占めていました。勉強する気がないので、学校に来たり来なかったりで、生徒数は二年生へ進級するまでに半分になります。教員も、授業のほかに校内暴力や同和対策など、多くの難問を抱えて大変でした。定時制高校の教員には月給の一割増しの手当が付いていましたが、この手当には胃薬代という別名があったほどです。

私は社会科の教員でした。この定時制高校には社会科の教員がもう一人いて、この人は見た目も実際も善人でした。

勤務が終わってから、この教員が私を藤井寺駅前の飲み屋に誘ってくれる時がありました。私は奈良市に住み、一時間半かけて通勤していたので、帰りつくのは一一時頃です。したがって、酒を飲んでいたら帰れなくなるのですが、学期末の短縮授業期間や行事日には八時頃に勤務が終わるので、一時間ほど飲もうということになります。

藤井寺駅前には一〇軒を超える飲み屋がありましたが、われわれが行く飲み屋は、六〇歳を過ぎたばあさん三人が給仕してくれる、薄汚《うすぎたな》い居酒屋《いざかや》に決まっていました。私はこの店を「三ババ」と呼んでいました。「三ババ」の店では瓶《びん》ビールを飲みました。問題は酒の肴《さかな》です。なにしろ一時間しかないので、鍋物を注文すると、できあがる頃には帰る時間が迫って、落ち着いて喰っておれません。

そこで、魚の刺身を肴にして飲みました。刺身を注文すると、三人のばあさんのうちの一人がすぐに運んできてくれます。時間の制約はあるし、腹も減っているので、さっそく刺身を喰いはじめますが、この刺身はまだ凍《こお》っていました。

冷凍庫から出して、カチンカチンの状態のものを切って持って来ますから、縁《へり》のほうは柔らかくなりかけていても、ほとんどは結氷状態で、口に入れると氷のような硬さと冷たさでした。結氷刺身の歯ざわりは、体験した人でないとわからないと思います。甘くないアイスキャンデーをかじるような感覚です。それでも、酒は楽しく飲めました。

定時制高校の教員をしていた三年間、昼間は大学院博士課程の学生でもありましたから、仕事と勉学を両立させるべく、多忙な日々を過ごしていました。そんな中で、同僚の社会科教員と飲んだ酒の味は格別でした。三〇年以上前のことですが、懐かしい思い出として残っています。

●コンシンサイ

コンシンサイは中国野菜のひとつで、空心菜と書きます。ヒルガオ科の草本で、熱帯から亜熱帯では一年中育ちますが、寒い冬を越せない日本では毎年初夏に種を蒔《ま》いて育てます。日本でも夏にアサガオと同じ形の白い花が咲くことはありますが、結実しません。大きな種苗店に行けば種を売っています。

株は三〇cmほどの高さに伸び、株の先端にアサガオの葉を引き延ばしたような葉が着くので、葉付きの茎を摘み、多めの油で炒めて喰います。空心菜の名は、茎が中空になっていることに由来します。熱帯から亜熱帯では一年中摘みとることができ、また油で炒めるほかにも様々な調理法があるので、便利な野菜です。

コンシンサイをはじめて喰ったのは、台湾ツアーの時です。台湾出身の大学院の後輩が「学生を連れて台湾へ語学研修旅行に行くので一緒に行かないか」と声をかけてくれました。この人は台湾で小学校の教員をしていましたが、四〇歳を過ぎてから日本へ留学に来て、私に声をかけてくれた時は五〇歳前でした。この人は家族も日本へ連れてきて、三人の子供たちをすべて医者に育てあげ、六〇歳になった冬に浄土に旅立ちました。

この人とのつきあいは一五年ほど続き、台湾へは一緒に八度行きました。歳《とし》は私より二〇歳近く上でしたが、お互い何でも話せる友人でした。今回はこの人のことを語りたいので、コンシンサイを話題にしました。

昭和五二年に行った第一回目の台湾ツアーは、台北から始まりました。二日目の昼に台北の食堂で出たおかずの中にチンゲンサイのクリーム煮がありました。美味《おい》しかったのですが、その時は野菜の名前を知りませんでした。すると私の友人は「あ！　コンシンサイね　あれは油で炒めてもスープに入れても美味しいよ」と申しました。その時点でチンゲンサイがコンシンサイにすりかわって、私が好きな野菜はコンシンサイになってしまいました。

それ以降は、コンシンサイが食卓に出ると、この友人は「コンシンサイだよ」と私にすすめてくれます。そして、喰い慣れると、何の味もしないチンゲンサイよりも、コンシンサイのほうがずっと美味しいのです。

その次の年以降、私は家庭菜園で毎年コンシンサイを作っています。コンシンサイは真夏には摘むと次々に脇芽が出てくるので、一坪（三・三㎡）も種を蒔いておけば、毎日油炒めを喰うことができます。多めの油で炒めると、じつに鮮やかな緑色に仕上ります。コンシンサイを喰うたびに、台湾出身の友人を思い出します。友人の浄土での安堵《あんど》を祈りつつ、夏は菜園で摘んだコンシンサイの鮮やかな緑色と味を楽しんでいます。

ちなみに、第一回目の台湾ツアーの途中、「サバの水煮」で話した私の伯父《おじ》が息をひきとった高雄の陸軍病院跡を訪れて、線香を手向《たむ》けることができました。市街地再開発のためか、病院に使われていた木造の建物はほぼ取り壊されていましたが、敷地内は三四年前の面影《おもかげ》がまだ残っていました。伯父は私が来るのを待っていたのかも知れません。こうして伯父を回向《えこう》することができたのも、この友人の気遣いのおかげです。多謝《トウオシエ》！

●スイカ

私が今住んでいる豊橋市は、日本でも有数の農業所得が高い所です。昭和四三年に豊川《とよがわ》用水が完成して、欲しい時に農作物に水をやれるようになってから、高い収入が得られる農作物を作る産地に変身しました。メロンとキクと花卉《かき》は温室で作られ、露地畑は秋から冬の間はキャベツとハクサイとダイコンで埋まります。

豊橋で作る農作物のひとつが、本来は盛夏に喰うスイカ(西瓜)です。豊橋では五月に入ると小型飛行機が上空を旋回しつつ「美味《おい》しい豊橋の天伯《てんぱく》スイカを食べましょう」と呼びかけます。そして、加温温室スイカは五月末には収穫が終わり、苗の時期だけビニールトンネルで覆うスイカは六〜七月に収穫されます。

私はスイカの絵を見ると、八月を連想するのですが、豊橋ではスイカ作りはとっくに終わって、八月は秋作野菜の種を蒔《ま》く時期です。おかげでわれわれ庶民でも初夏にスイカを喰うことができるようになりましたが、真夏にかぶりつくスイカ本来の涼味は薄れてしまいました。

ここからは小学校低学年頃のスイカの思い出話です。その頃は冷蔵庫がなかったので、スイカはバケツに入れた水で半日ほど冷《ひや》してから、晩飯の後でミカン割りにしたものを家族で輪になって喰いました。それほど冷えてはいませんが、結構美味しかったように思います。甘味が足りない場合は、少し塩を振ると甘味が出ました。夏の果物にはマクワウリ(真桑瓜)やブドウ(葡萄)などもありましたが、甘さではスイカが王様でした。

ここまでは面白くもない話ですが、ここからが恨み節の始まりです。その頃のスイカは縁《へり》の白い部分の厚さが二cm以上ありました。スイカを喰い終わると、ばあさんと母が台所から包丁を持ち出して、残った赤い部分と外側の皮をそぎ落とし、白い部分だけを丼《どんぶり》に入れて、満杯になると塩を振ります。そして、一晩置けば白い部分に塩が浸み込むので、それをおかずに朝飯を喰うのです。

しかし、元来漬物用に作られているわけではないので、一晩漬けたぐらいでは青臭《あおくさ》さが抜けず、不味《まず》くて喰えたものではありません。私は味噌汁があれば、味噌汁をおかずにして飯を喰いましたが、スイカの白い部分だけがおかずの時は、浸み出た塩水で飯を喰いました。

子供の頃のスイカは、宵越《よいごし》で「楽あれば苦あり」を教えてくれる喰いものでした。スイカを喰うたびに、あの浅漬けの青臭さと不味さを思い出します。

飲みものの恨み

飲みもので恨みに思うことがあったので、その話をします。

九州の佐賀県に行く用事があって、名古屋と福岡の間を飛行機で往復しました。その帰りの飛行機でのできごとです。離陸して水平飛行に入ると、客室乗務員のお姉さんたちが飲みもののサービスをしてくれます。この飛行機では暖かいコーヒーや冷たいウーロン茶やジュースをカートで運んで来て、その中から乗客に選ばせていました。

私はコーヒーを飲むと気持ち悪くなり、冷たい飲みものは嫌いなので、暖かいものを飲みたくて、客室乗務員のお姉さんに「暖かい紅茶をください」と申しました。そのお姉さんは「時間がかかりますが　よろしいでしょうか」と尋ねたので、「いいですよ」と答えると、お姉さんは次の客相手に仕事を転じました。

福岡名古屋間は約一時間の飛行で、その間に少数の客室乗務員が客の要望に対応するので忙しいのはわかっていますが、そのうちに暖かい紅茶を持って来てくれるだろうと思って、待っていました。往《い》きの飛行機では、同じ注文をして、同じ質問が返ってきて、同じ返事をすると、五分ほどで暖かい紅茶を持って来てくれたからです。

ところが、暖かい紅茶はなかなか来ません。そのうちに飛行機は名古屋上空へ到達して、着陸体勢に入りました。自《おの》ずと紅茶は絶望です。しかも、「着陸する飛行機が多いために、この機は名古屋上空を旋回中です」との放送が流れて、喉《のど》が渇いた状態で二〇分余計に乗ることになりました。僅か一時間二〇分ほどの旅でしたが、飲めると思っているものが飲めないと、腹が立ちます。

この航空会社は客室乗務員の乗客への気遣《きづか》いがもうひとつです。かつて北京から大阪に帰る飛行機でも飲みものを外《はず》されたことがあります。この時は三人掛けの窓側に座っていた私だけがサービスから外されて、飲みものにありつけませんでした。国際線は食事が出るので、飲みものなしの時間は食事に付いてくるワインの到着で終わりましたが、私のように気の弱い乗客は損であり、またそんな乗客に限って、サービスから外されたことをいつまでも忘れないものです。できればこの航空会社の飛行機には乗りたくありません。

飲みものの恨みも喰いものに劣らず深いのです。客室乗務員のお姉さんたち、一杯の飲みものが客の増減につながることを忘れずに勤務されることを、切に希望いたします。

●ベトナムの喰いもの三題

今回から続けて三題は、私が異国で喰ったものの中で、もっとも記憶に残っている喰いものたちの話です。

私は一年に一度ほど異国へ調査に出かけます。その大半は野生のチャの木を探している研究者仲間にくっついて行く、東南アジアの山地探検ツアーです。これまで中国・ベトナム・ラオス・インドのアッサムの国境近辺に行きました。ただし、飛行機が着陸する国の名前が違うだけで、ひと山越えると隣国という場所が目的地なので、ほぼ同じ領域に行っていることになります。同行する連中は、そこに野生のチャの木があると予想して行くのですが、まだめぐり逢《あ》っていません。

ベトナムの山中には三度行きました。一度目の調査時に喰ったものの中で、もっとも記憶に残っているのがアヒルのゆで卵です。「なんだゆで卵か」と言われそうですが、これが大変な代物《しろもの》なのです。

ベトナム北部を北西から南東方向に流れるホン川の中流域にあるホテルに泊まった日のことです。夕食にアヒルのゆで卵が出ました。いつものように食卓の角に軽くぶつけて殻《から》を剥《む》いたのですが、卵の中に黒いものが見えました。「なんだ?」と思いつつ殻を割ると、あと二日もすれば殻を割って出てきそうな雛《ひな》が入っていました。「な！　な！　なんだ」と声をあげて一緒に食事している仲間を見回しましたが、皆さん美味《おい》しそうにこの雛を喰っています。

ベトナム名物、孵化《ふか》直前のアヒルのゆで卵との出会いでした。黒く見えたのは毛で、まるで生きているようです。私にしてはかなり怯《ひる》みましたが、喰ってみると、これがじつに美味しいのです。念佛を唱《とな》えながら、ありがたくいただきました。

二度目の調査では、中国との国境まで行きました。国境近くに位置する町ハザンの郊外にある食堂で昼飯を喰ったのですが、その店で出た焼きたてのフランスパンの美味しさに感動しました。ベトナムはフランスの植民地だった時期があったので、フランスパンはその遺産のひとつなのでしょう。小学校の給食で喰った生焼けのコッペパン以来、パンとは不味《まず》い喰いものだと思い込んでいた私ですが、世の中には美味しいパンもあることを、ベトナムの田舎《いなか》町で教わりました。

これから先が餓鬼の浅はかさです。その余韻を楽しもうと、パンの切れはしをホテルに持ち帰り、夕方に喰ったのですが、今度はあまりの不味さに驚きました。小麦だけで焼いた純粋のパンは、冷えると不味くなって、短時間のうちに浄土から修羅《しゅら》まで落ちることがよくわかりました。そして、学校給食のパンも金がかかる混じりものが入っていないので、焼きたては美味しかったのかなとも思いました。給食のおばさん、どうなのでしょうか。

三度目の調査時に喰ったもので、もっとも印象に残っているのが、ホン川中流域にあるティエンクアンの町の食堂で出たキャッサバです。キャッサバはサツマイモのようなイモを放射状に数個つけます。掘り出したイモは粉にしてから調理して喰うことが多いのですが、この食堂で夕食に出たキャッサバは、イモの姿のままふかしてありました。

キャッサバはイモの芯《しん》に筋があるので、それを抜いてから喰います。味はサツマイモに似ていました。東南アジアでは農家の庭先や畑でよく見かけるキャッサバですが、イモの姿で味わうのははじめてでした。キャッサバについては、それとわかる姿とはじめて出会えた感動に浸りつつ喰ったという話です。

●アッサムのオカラフライ

野生のチャの木を探している研究者仲間にくっついて、インドのアッサムにもでかけました。インドは国民の大半がヒンドゥー教徒で、菜食で暮らす人が多いと聞いていました。往復の飛行機でも、食事を乗客に配る客室乗務員のお姉さんたちが、お客に「ヴェジ（菜食にしますか）？」と尋ね、お客が首を縦《たて》に振ると、精進《しょうじん》料理を持ってきてくれます。

私はここ二〇年ほど野菜中心の食事をしているので、往復とも精進料理にしました。目の前にあるおかずは、魚か肉を素材に使っているように見えましたが、喰ってみると精進の素材であることがわかります。しかも、魚や肉を使う料理よりも美味《おい》しいのです。おおいに満足しました。

野生のチャの木探しは、アッサム東部にあるティンスキアの町中のホテルを拠点にしておこないました。そのホテルの食堂は精進料理しかなく、酒も御法度《ごはっと》でした。

ところが、ホテルの食堂では、トンカツのような姿の大きなフライが毎度出るのです。「中身はなんじゃろ」と思いつつ口に入れましたが、ミンチ肉のように見える素材はどこかで喰った覚えがあります。味は調味料が上手《じょうず》に使ってあって、美味しいと思いました。

フライを半分ほど喰ったところで、私の歯と舌が素材の答えを出してくれました。噛《か》み心地が豆腐の絞り粕であるオカラとまったく同じなのです。そこで、これまで幾度もアッサムに来ている仲間に「これ何ですか」と尋ねると、「オカラだよ」と素っ気ない答えが返ってきました。

こうして、大豆《だいず》を素材にするオカラ、揚げる植物油、ともに「ヴェジ」の精進フライを四日間美味しくいただいたのですが、このオカラフライの大きさが尋常ではありません。巨人が履《は》く草履《ぞうり》のような大きさで、これだけで満腹になりました。アッサムで質量ともに優れものの精進料理を、酒抜きで喰ったという話です。

先日、一緒に行った仲間にこの話をしたら、「何言ってるの。二日目の晩に酒買いに行こうと言ったら、あんたも賛成して、ピーナッツを肴《さかな》に部屋で一緒に飲んだじゃない」と言われました。そうだったかなあ。

●イギリスのフィッシュアンドチップス

私は飛行機の座席に長い時間座るのが苦手なので、訪れる異国は数時間で到着する東南アジアがほとんどですが、一度だけイギリスに行ったことがあります。日本で言えば、室町時代の農法を今でもおこなっているイングランド・ノッティンガムシャーのラックストン村の景色を見に行ったのです。今回は喰いたくないものを腹十二分に喰わされたことへの恨み節です。

ラックストン村では民宿に二泊しました。初日の夕食は村に一軒だけある酒場兼食堂に出かけて食事しましたが、二日目は私を案内してくれたイギリス人の同僚が、晩はテレビでフットボール（イギリス人はサッカーと言わない）の試合を見たいと言うので、持ち帰り惣菜で夕食を済ませることにしました。

そんな事情で私の前に現れたのが、イギリスのファーストフードを代表するフィッシュアンドチップスです。ラックストン村に着くまでの間に通過した都市には、どこにもフィッシュアンドチップスの店がありましたので、どんな喰いものなのだろうと思っていましたが、それが今私の目の前に姿を現したのです。

フィッシュとは、前回話したアッサムのオカラフライを上回る大きさの鱈《たら》の半身に、コロモをつけて油で揚げたフライのことで、何の味もしません。チップスは棒状のジャガイモを油で揚げたものでしたが、その量がフィッシュに負けないくらい多いのです。いずれも油で揚げた喰いもので、私はこれらの姿を見ただけで食欲が失《う》せました。

しかし、悲しいかな、太平洋戦争後に餓鬼時代を過ごした私には、出されたものは残さずいただく習性が身についてしまっています。塩味さえしないフィッシュとチップスに塩を振りかけてから、手で交互に摘《つま》んで喰いはじめたのですが、口に入れ続けているはずなのに、フィッシュさんもチップスさんもあまり減らないのです。閉口という言葉は、この時の私のために作られたのではないかと思うほどの難行で、喰い終わった時は本当に安堵《あんど》しました。

フィッシュアンドチップスが好きだという人の話では、酢を適度にかけて喰えばそれなりに美味《おい》しいらしいのですが、私は二度と喰いたくありません。

●喰わず嫌い

私は好き嫌いがほとんどなくて、食卓に並ぶ喰いものはありがたくいただきますが、「おかずを選びなさい」と言われたら、ウナギ（鰻）とカニ（蟹）を食材に使う料理だけは外《はず》します。いずれもグルメ料理で使われる贅沢《ぜいたく》な食材ですが、私の体が拒否するのではなく、子供の頃に喰ったことがほとんどないことによる喰わず嫌いなのです。

「三つ子の魂《たましい》百まで」と申します。子供の頃に喰えずに、食味への感覚が養われないままで成長して、食感が固まってしまった大人になってから、「美味《おい》しいだろう」と言われても、好きになれるものではありません。

ウナギは油のかたまりが細長い姿をしているように見えることに加えて、辛いタレが好きになれません。カニは身を取り出すまでの苦労が報《むく》いられるほど美味しいとは思いません。

そんなわけで、招待されてウナギやカニが一人前ずつ出される時はいただきますが、わが家でウナギの蒲焼《かばやき》が食卓に上る日は、私だけは他のおかずで飯を喰いますし、カニを入れる水炊きの日は、鍋の中を泳いでいる豆腐と野菜を肴《さかな》にして酒を飲みます。ただし、残った汁で作る雑炊《ぞうすい》は美味しくいただきますので、カニの食味が嫌いだというわけではありません。

他人《ひと》様からは「もったいない」と言われますが、幼ない頃から「あれを喰いたい」「これを喰いたい」と恨み節を吟《ぎん》じてきた私にも、苦手な喰いものがあることを知っていただきたくて、ここに申し述べた次第です。

●酒の肴《さかな》

　結婚して三五年になりますが、酒を飲まなかった日は千日もないと思います。結婚前は夕食時に酒を飲むことはありませんでしたが、家内の父親が酒飲みで、ほぼ毎日晩酌《ばんしゃく》していたので、家内は「男は晩酌するものだ」と思い込んでいたようです。そんな経緯《いきさつ》で、おかずのほかに酒の肴が毎晩出ました。私も人がよいので、家内の期待に添わねばと毎晩酒を飲んでいるうちに、晩酌が習慣になってしまいました。

　私が好きな酒は鹿児島の芋焼酎です。サツマイモを原料にする蒸留酒で、あの独特の香りが飲む気を誘います。ただし、一晩で一合《ごう》も飲みませんので、一升瓶《しょうびん》を半月ほどかけて空《あ》けるペースです。一〇年前まではビールも飲んでいましたが、体重が増えてきたので、今は低カロリーの焼酎だけにしています。酒を飲まない日を挟《はさ》めばよいことはわかっていても、なかなか実行できません。他に楽しみを持たない私には、酒は体と気が休まる妙薬です。

　ただし、晩酌で酒だけを味わっているわけではありません。美味《おい》しい肴も楽しんでいます。今のところ、好みの肴は次にあげる三つです。

一番は魚卵《うおのこ》の卵とじで、これがあれば酒はいくらでも飲めます。二番は蚕豆《そらまめ》で、これは喰える時期が五月下旬に限られますが、家庭菜園から採ってきた豆をゆがいて肴にすれば、季節感百パーセントです。三番はチーズ、とりわけブルーチーズです。ブルーチーズは特有の匂《にお》いと味がしますが、その美味しさは味わった人でないとわからないでしょう。ほかにも好物の肴はありますが、この三つが横綱と大関です。

こんな肴が出た晩は美味しく酒をいただきます。酒と美味しい肴が組み合わさってはじめて「百薬の長」です。いつかは来世に赴《おもむ》く身であれば、おおいに楽しんでから逝《い》こうじゃありませんか。焼酎万歳！　酒の肴万歳！　喰いものへの恨みも消え去って、往生安楽国の境地です。

●喰いものへの恨みと感謝

喰いものへの恨みごとをあれこれ吟じているうちに、今回で七三話になりました。横に座っている女《ひと》から「もういいかげんにしたら」との声がかかりましたので、この話を終えたら潔《いさぎよ》く筆を置くことにします。

六〇年の間に経験した喰いものへの恨みごとを書き綴《つづ》るつもりで筆を執《と》りましたが、前半はともかく、後半は喰いものへの感謝、またそれを通しての父母への感謝を書き綴る内容になりました。

私が子供の頃は、太平洋戦争中と終戦直後の食料難からは脱け出たものの、経済を復興させるための生産が第一で、贅沢《ぜいたく》品と見なされていた喰いものは、われわれ庶民の口には入りませんでした。

昭和四〇年代に入ると、日本の経済も家庭の懐《ふところ》具合も余裕が生まれて、欲しいものを欲しい時に買って喰えるようになりました。不思議なもので、高価でなかなか口に入らなかった時代には喰いたいと思っていたものが、手頃な値段で口に入るようになると、食欲は減退してしまいます。バナナがその例でしょう。

逆に子供の頃には安かった喰いものが、今では庶民には手が届かなくなってしまった例もあります。クジラ（鯨）肉はその典型です。太平洋戦争後の日本人は、クジラ肉のおかげで動物性たんぱく質の摂取量を確保することができたと私は思っています。そのためにクジラを捕《と》りすぎたのかも知れませんが、青年期の私の体を作ってくれたクジラさんには深く感謝しています。

書き終わってから、年齢期ごとに話題を並べてみると、採りあげた話題のほとんどが成人する前、とりわけ小学生の頃までの話が六割を占めるのに対して、ここ三〇年ほどは喰いものに恨みを抱《いだ》いたり、感動したことがほとんどないことがわかりました。子供の頃は贅沢品がなかなか口に入らなかった時代背景もあって、喰いもののことしか覚えていないのだろうと思いますし、大人になってからは忙しくて、喰いものに感動する暇《ひま》がなかったのかも知れません。

子供の頃は一〇日前の晩飯のおかずが何だったかも覚えていましたが、今は昨晩のおかずさえ思い出せません。喰いものが豊富に出回り始めてからは、喰いものへの執着が薄れてしまったことに加えて、私が歳《とし》とって記憶力が落ちていることも影響していると思います。

それでも、子供の頃に喰いたくても喰えなかったものへの恨みは忘れられません。むしろ私の脳裏には、次第に鮮《あざや》かになってきています。これも歳とった証拠かも知れません。また、日本近代史の流れの中で父の半生を語ったり、太平洋戦争後の経済成長の中に喰いものへの恨みを位置付ける話もしました。自分の体験を歴史上の出来事と関わらせて語れるようになったら、歳とった証拠です。

この六〇年近くの間に、わが家の飯は、米七、押麦《おしむぎ》二、サツマイモ一の割合から始まって、小学校の四年生頃からは米八、押麦二となり、中学校三年生頃からは米だけの飯になりました。

サツマイモ入りの飯を喰っていた頃は、サツマイモが入っていない飯を喰いたいと思い、麦入りの飯を喰っていた頃は米だけの飯を喰いたいと思って暮らしていました。それが、米だけの飯を毎日喰えるようになってからは、願望が失《う》せて、喰うことへの執着がなくなってきたように思います。その意味で、飽食の時代は不幸な時代かも知れないと思います。

それでも、喰いものに執着していた時代を知っているだけでも、幸せなのかも知れません。毎日が「ハレの日」のような飯を喰っている子供たちを見ると、「こいつらは幸せなのだろうか」と思う時があります。

「初日口上」に「この本は私の餓鬼人生の記録です」と書きました。餓鬼は六道輪廻《りんね》のひとつです。喰いものを物指《ものさし》にして、私がこれまで歩んできた道を六道輪廻にあてはめれば、次のようになると思います。

太平洋戦争中と終戦直後の食料難の時代を地獄道だとすれば、さいわいにも私にはその経験はありません。物心《ものごころ》ついた頃から大学生の頃までがひたすら喰いものを求めた餓鬼道の時代、自分で稼《かせ》いで糊口《ここう》をしのげるようになった二〇歳台半ばから後半が畜生《ちくしょう》道の時代、そして世間と無難につきあうことに気を遣《つか》って喰いものへの執着が衰えた三〇歳頃からこれまでが修羅《しゅら》道の時代でしょうか。これからはこの地球にいる衆生《しゅじょう》とともに、人間道を歩めればと思います。天上世界に行けるかどうかは閻魔《えんま》様が決めてくれるでしょう。

千穐楽口上《せんしゅうらくこうじょう》

はじめは私の歳《とし》の数ほどで話の種が尽きるかと思っていましたが、あれこれ思いついて書き連ねていくうちに、七〇話を超えてしまいました。また、表題にカタカナが多いことは、目次を見てはじめて気付きました。日本的生活様式の中に西洋的な喰いものが洪水のように押し寄せていた時代と、私の前半生が重なって、ハイカラなものに憧《あこが》れていたのかも知れません。

この本を読まれて、「飯の素材になる穀物とイモの話がほとんどないじゃないか」と思われた方がおられたでしょうか。私は庶民（名もない普通の人々）がどんな飯を喰っていたかを、『近世庶民の日常食』（海青社、一八〇〇円）に書きました。『近世庶民の日常食』は学術書で、この本よりは書体が硬く、また私の経験にもとづく記述ではないのですが、『近世庶民の日常食』にも目を通していただければさいわいです。

「初日口上」で述べましたように、私は日記を書きませんでした。このままだと、私が現世《げんせ》に生きていたことの証《あかし》がないまま、父の所へ旅立ちそうですので、私の記憶にある喰いものたちのことを書き綴《つづ》ってみました。今後は随筆風の文章を書くことはないと思われるので、本書『喰いもの恨み節』は私が生きた唯一の証になるかも知れません。
今は私にとって意義ある話を語り終えた満足感に浸っています。暇《ひま》にまかせての独言《ひとりごと》におつきあいいただき、ありがとうございました。これにて千穐楽といたします。

二〇〇八年　穀雨

表紙の題字は書家の濱野龍峰さんに書いていただきました。お礼申し上げます。また、本書の刊行をひきうけていただいた㈱あるむ代表取締役の川角信夫さんと、編集を担当された近藤あいさん、ありがとうございました。

深い恨みのアンカケウドンを喰う著者

有薗　正一郎（ありぞの　しょういちろう）

昭和23（1948・戊子《つちのえね》）年鹿児島市生まれ。

鹿児島県の伊集院幼稚園、武小学校、原良小学校、城西中学校、鶴丸高校、京都府の立命館大学と同大学院で学ぶ。

大阪府立高校の教諭を経て、現在は愛知大学文学部教授(専門は地理学)。文学博士。

勤務の合間に家庭菜園で作物たちを世話し、夏はイネを作り、初秋は環東シナ海地域のヒガンバナの自生地を歩いている。多忙な世間から見ると無駄飯喰いの閑人（ひまじん）だが、本人は2025年適応型の暮しをしていると思っているようである。ペンネームは田茂呂介（たもろかい）。ただし、通用するのは鹿児島だけ。

【主な著書等】『近世農書の地理学的研究』（古今書院）、『在来農耕の地域研究』（古今書院）、『ヒガンバナが日本に来た道』（海青社）、『ヒガンバナの履歴書』（あるむ）、『近世東海地域の農耕技術』（岩田書院）、『農耕技術の歴史地理』（古今書院）、『近世庶民の日常食』（海青社）、翻刻『農業時の栞』（『日本農書全集』第40巻、農山漁村文化協会）

喰いもの恨み節

2008年8月2日　第1刷発行

著者＝有薗　正一郎

発行＝株式会社あるむ
〒460-0012　名古屋市中区千代田3-1-12第三記念橋ビル
Tel. 052-332-0861　Fax. 052-332-0862
http://www.arm-p.co.jp　E-mail: arm@a.email.ne.jp

印刷＝松西印刷　　製本＝中部製本

ISBN978-4-86333-007-8　C0095